Kurt Allgeier
PARACELSUS
Sein Genie - seine Weisheit seine Rezepte

Originalausgabe

WILHELM HEYNE VERLAG
MÜNCHEN

HEYNE-BUCH Nr. 01/7251
im Wilhelm Heyne Verlag, München

Copyright © 1984 by Wilhelm Heyne Verlag GmbH & Co KG, München
und litera-team, München
Printed in Germany 1984
Umschlagfoto: Archiv für Kunst und Geschichte, Berlin
Innenfotos: Archiv für Kunst und Geschichte, Berlin
Umschlaggestaltung: Grafik-Design Franz Wöllzenmüller
Gesamtherstellung: Presse-Druck Augsburg

ISBN 3-453-01924-5

Inhalt

Theophrast von Hohenheim – Genie zwischen den Zeiten 9

Gerufen – und davongejagt 12
Karge Jahre der Kindheit – im Schatten von Einsiedeln 14
Der ›Lehrling‹ von Villach 17
Vor den Trümmern des Abendlandes 19
An der Schwelle einer neuen Zeit 21
Verwurzelt in der Scholastik 23
Die neue Welt der Renaissance 27
Auf den Spuren alter Weisheiten 28
Der erste ›ehrenwerte‹ Chirurg 33
Gutbürgerlich in Salzburg 34
Durchs Schwabenland nach Straßburg 36
Die Heilung des Basler Verlegers 37
Lehrer einer neuen Medizin 39
»Das Beste für dich wäre ein Strick...« 41

Verjagt, verfolgt, verdammt 45

Sich selbst vor die Tür gesetzt 48
Die ›Vier Säfte‹ der Alten 51
Die fünf Krankheitsursachen 53
Krankheit als Strafe und Prüfung 57
Und was heißt ›angesteckt‹? 58
Ungehorsam – das heißt Mißbrauch der Natur 59
Archeus, die Lebenskraft – Arkanum, die Seele 60
Die fünf Hauptwege der Heilung 61
Vagabund und Schriftsteller 63
Alles kann giftig werden, je nach Dosierung 66

Jubelt und singt! 67
Gestolpert – über einen schwunghaften
Holzhandel 70
Die vier Säulen der Heilkunst 72
Was ist Philosophie? 73
Was ist Astrologie? 75
Was ist Alchimie? 85
Was ist Tugend? 89

Heiler,
›Magier‹,
Seelsorger
91

Paracelsus – ein ›Wunderheiler?‹ 94
Wer zweifelt, fällt in Verzweiflung 97
Die drei ›Substanzen‹ des Lebens 99
Aber wo bleibt die Heilung? 101
Die Enttäuschung von St. Gallen 103
Was man denkt, wird leibhaftig 105
Der ›Bescheidene‹ wird nicht geheilt 109
Weg von der zivilisierten Welt 111
Alles ist natürlich zu erklären 113
›Pestarzt‹ in Tirol 115
Erfolgsautor und Prominentenarzt 116

Auf den Spuren
der Lebens-
geheimnisse
123

Mensch, Dämon, Prophet und – Gott 126
Magier und Goldproduzent? 129
Kein Gretchen, keine schöne Helena 132
Auf den Spuren der Evolution 135

Der Prophet
der Deutschen
138

Die Prophezeiung der drei Schätze 139
Und was stimmt wirklich? 141
Was steht in der Prophezeiung? 143

Die goldenen
Lebensregeln
des Paracelsus
147

Die vier apokalyptischen Reiter 150
Der weiße Reiter 150
Der rote Reiter 151
Der schwarze Reiter 152
Der fahle Reiter 152
Heilkraft Heimat 154
Das Gute muß stets gegenwärtig sein 156

Aus der Rezepte-Schatztruhe des Paracelsus 160

Das Verjüngungselixier 161
Melisse gegen Depressionen 162
Kamille gegen Kopfschmerzen und Migräne 162
Roggenbrot gegen Rheuma 163
Fasten besiegt die Angst 163
Die Anti-Angst-Kur 164
Das Rezept gegen große Anfälligkeit und unerklärliche Müdigkeit 164
Der Salat-Schlaftrunk 165
Riechen Sie sich frei 165

Die hinterlassenen Schriften des Paracelsus 167

Register 170

Theophrastus Bombastus von Hohenheim, genannt Paracelsus (1493–1541); Kupferstich von De Bry, um 1590

Theophrast von Hohenheim
Genie zwischen den Zeiten

Es ist Johannisnacht, der 24. Juni 1527. Im Claragraben vor den Stadtmauern von Basel lodert ein mächtiger Scheiterhaufen. Übermütig, ausgelassen tanzen die Studenten um das Feuer. Ihr Singen und Grölen hallt von Münsterberg auf der anderen Seite des Rheins wider. Und immer wieder durchbricht der donnernde Ruf aus tausend Kehlen die Stille: »Tod! Tod! Tod!«

Ganz vorn, dicht am Feuer, von der flackernden Flamme gespenstisch angestrahlt, steht der junge Stadtarzt von Basel, Theophrast Bombast von Hohenheim. Er nennt sich selbst Paracelsus. So hat er seinen Namen Hohenheim halb griechisch, halb lateinisch übersetzt, wie das damals üblich war. Zugleich gibt er mit dieser Bezeichnung seinen Zeitgenossen aber auch unmißverständlich zu verstehen, daß er mit seiner Heilkunst wieder ganz von vorn beginnen will – so wie es zur Zeit Christi der römische Naturarzt Celsus getan hat. Para-celsus will ein neuer Celsus werden, der Mann neben dem berühmten Celsus.

Im Augenblick steht der kleine, bucklige Stadtarzt, nur hundertfünfzig Zentimeter groß, ausgestattet mit einem viel zu großen, kugelrunden Kopf auf dem schmächtigen Körper, wie ein Rachegott vor dem Johannisfeuer. Der weite schwarze Umhang flattert im Nachtwind. Paracelsus hebt mit beiden Händen ein dickes, schweinsledernes Buch in die Höhe. Es ist das Standardwerk der damaligen Medizin, die ›Bibel‹ der Ärzte.

»Auf daß alles Unglück mit dem Rauch in die Luft gehe!« ruft er und wirft das Buch in die Flammen. »Tod der Quacksalberei! Es lebe die neue Medizin.«

»Tod! Tod! Tod!« antworten die Studenten im Chor. Sie packen ihren Lehrer bei den Händen und reißen ihn mit in ihrem wilden Tanz um das Feuer der Sonnenwende.

Eine neue Zeit bricht an. In der Herrengasse, dicht unter dem Münster, hört man nichts vom Treiben im Claragraben. Die dicken Samtvorhänge sind zugezogen. Das Gesinde schleicht auf Zehenspitzen und flüsternd durchs Haus und zuckt zusammen, sooft die gellenden Schmerzensschreie aus dem Schlafzimmer des Domherrn Cornelius von Liechtenfels dringen. Drei Ärzte, gelehrte Professoren, stehen am Bett des geistlichen Würdenträgers. Sie streiten, können sich nicht einig darüber werden, was dem Kranken fehlt, und schütteln ratlos die Köpfe.

Ein junger Geistlicher stürmt ins Zimmer und berichtet aufgeregt: »Jetzt hat auch die Medizin ihren Luther. Nicht genug, daß dieser Paracelsus vor neunzehn Tagen am Schwarzen Brett in der Universität die Thesen seiner neuen Lehre angeschlagen hat, genau wie Luther es in Wittenberg tat – jetzt warf er auch noch die Lehrbücher ins Feuer. Es ist ein Skandal.«

»Der Teufel soll diesen Cacophrastus holen«, empörten sich die Ärzte – diesmal einstimmig. »Was bildet sich dieser Grünschnabel eigentlich ein? Wer weiß, ob er überhaupt einen Doktortitel tragen darf?«

Der kranke Prälat versucht, sich aus den Kissen hochzurichten. »Holt mir diesen Hohenheim! Schnell, schickt nach ihm! Wenn mir einer helfen kann, dann er. Man erzählt sich ja wahre Wunderdinge von unserem Stadtarzt. Sagt ihm, ich will ihm alles geben, was ich besitze, wenn er mich nur von meinen Schmerzen befreit.«

Einer der Professoren will den Domherrn zurückhalten. »Aber bedenkt doch, euer Gnaden, worauf ihr euch da einlaßt! Man sagt, dieser Hohenheim stecke mit dem Teufel im Bunde. Er soll sich der Schwarzen Magie verschrieben haben. Wollt ihr einen solchen Menschen wirklich in euer Haus lassen?«

»Was bleibt mir denn anderes übrig? Ihr könnt mir ja nicht helfen. Also, beeilt euch! Holt mir den Stadtarzt, sei er nun ein Engel oder ein Teufel!« Und schon schreit er wieder und bäumt sich auf vor Schmerzen.

Paracelsus kommt, begleitet von seinem Diener Ulbrich Gyger aus Pforzheim und seinem Schüler Johannes Oporinus. Noch bevor er ans Krankenbett tritt, läßt er die Fenster aufmachen, zum Entsetzen der drei Professoren. »In dieser Stinkbude müßte ja eine Sau ersticken«, schimpft er grob. Mit einer energischen Handbewegung schneidet er jede weitere Diskussion ab.

Dann untersucht er den Patienten sehr gründlich. Er schaut ihm in die Augen, betrachtet sehr aufmerksam die Haut an den Armen, an den Beinen, fühlt den Puls und klopft auf die Bauchdecke.

Dann deckt er den Domherrn wieder zu und nickt. »Das habt ihr nun von eurer maßlosen Völlerei. Jedes Vieh weiß, wann es satt ist. Nur der Mensch frißt unersättlich in sich hinein. Eure Leber ist steinhart und verfettet, die Gallenblase voller Steine. Jetzt haben sich auch noch die Därme ineinander verwickelt. Da hilft kein Aderlaß und kein Quecksilber. Aber es gibt ein anderes Mittel.«

Paracelsus läßt einen großen Bottich mit heißem Wasser füllen. Er wirft große Tücher hinein. Dann zwingt er den Domherrn aufzustehen. Er wickelt ihm die dampfenden Tücher um den Bauch und befiehlt dem Diener und dem Schüler, mit dem Kranken im Zimmer auf und ab zu gehen. Hin und her. Ohne Ruhepause. Ohne auf das Winseln und Wehklagen des Geistlichen zu achten.

Erst nach drei Stunden darf Cornelius von Liechtenfels wieder zurück ins Bett. Paracelsus gibt ihm noch ein paar Tropfen seiner ›Wundermedizin‹ – und stellt alsbald mit Befriedigung fest, daß der Domherr bereits in tiefen Schlaf gefallen ist. Am nächsten Morgen fühlt er sich fast schon wieder gesund.

Nur – auf Paracelsus ist er überhaupt nicht gut zu sprechen. Im Gegenteil. Als Ulbrich Gyger für den Stadtarzt das vereinbarte Honorar, hundert Gulden, abholen will, läßt ihn der Domherr mit Beschimpfungen und Drohungen die Treppe hinunterwerfen.

Gerufen – und davongejagt

Aber so ist es Paracelsus immer gegangen. Sein ganzes Leben lang. Er war ständig auf der Flucht vor einem Mächtigen, der ihm nach dem Leben trachtete. Dreimal saß er im Gefängnis. Vermutlich wäre er ebenso dem Henker zum Opfer gefallen, wie nicht weniger als einundzwanzig seiner Schüler, wäre nicht stets zur rechten Zeit ein Kaiser, König, Fürst, Bischof oder Abt krank geworden und hätte ihn dieser nicht vor den Nachstellungen der anderen gerettet. Der Haß der Ärzte und Kollegen auf Paracelsus war unvorstellbar. Die Undankbarkeit der Geheilten bleibt beispiellos.

Zu den Patienten des Paracelsus gehörte der Kaiser. Zwölf Fürsten, Bischöfe und die namhaftesten Gelehrten wie Erasmus von Rotterdam ließen sich von ihm behandeln. Alles, was vor vierhundertfünfzig Jahren Rang und Namen hatte, rief nach ihm – und jagte ihn wie einen räudigen Hund davon, sobald er wieder einmal geholfen hatte.

Es gibt kaum eine europäische Stadt, in der sich Paracelsus nicht aufgehalten hätte. Er wurde nur siebenundvierzig Jahre alt, ehe man ihn totschlug. Genau die Hälfte dieses armseligen Lebens verbrachte er im elenden Karren auf staubigen, schlammigen, eisigen Straßen. Er kam bis nach Moskau und nach Assuan. Er hielt sich in Schottland, Schweden, Spanien, Portugal und in der Türkei auf.

Doch bis heute erinnert sich eigentlich kein Ort und kein Land gern an diesen großen, aber schwierigen Besucher. Denn letztlich haben ihn alle immer wieder betrogen, vertrieben, verfolgt, gedemütigt.

Das lag gewiß auch an ihm. »Im Zeitalter der Grobiane war er einer der Gröbsten«, heißt es in einer Biographie. Im Jahre

1763 glaubte ein Paracelsus-Forscher zu wissen: »Er lebte wie ein Schwein, sah aus wie ein Fuhrmann, fand sein größtes Vergnügen im Umgang mit dem niedrigsten und liederlichsten Pöbel, war die meiste Zeit seines Lebens besoffen. Auch scheinen alle seine Schriften im Rausch geschrieben worden zu sein.«

Das ist natürlich maßlos übertrieben. Doch so ähnlich muß das Bild ausgesehen haben, das die Zeitgenossen von diesem Mann mit den so derben, groben Manieren hatten. Er war so zerlumpt gekleidet, daß man sich in seiner Gesellschaft genieren mußte.

Arzt und Gehilfe beim Verbinden eines Kranken, Holzschnitt von Hans Burgkmair, 1536

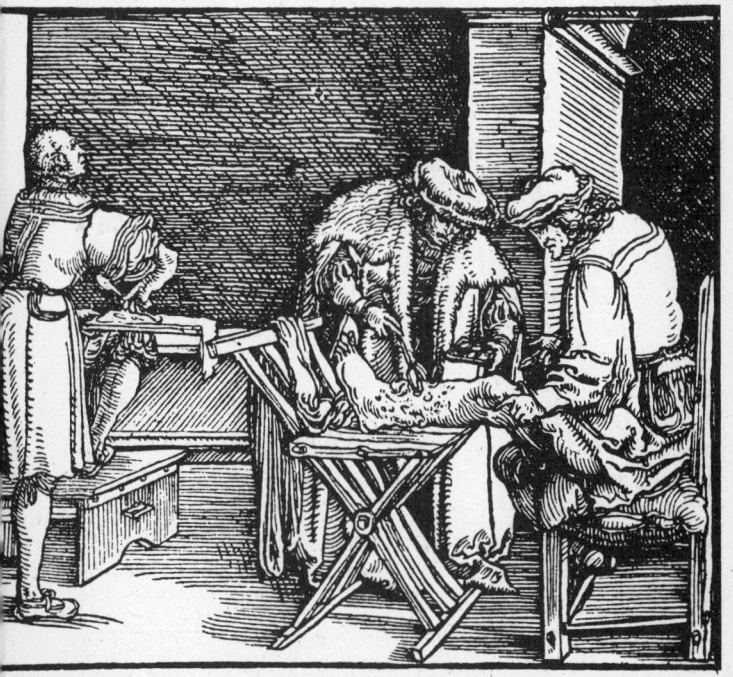

Dieses Bild hat sich weithin bis in unsere Tage hinein gehalten – obwohl die moderne Medizin Paracelsus mehr verdankt als jedem anderen.

Erst in diesen Tagen beginnen wir zu begreifen, welches Genie Theophrast von Hohenheim tatsächlich gewesen ist.

Er hinterließ über zweihundert medizinische und theologische Schriften. Sie sind größtenteils in deutscher Sprache abgefaßt. Hätte nicht Martin Luther, der auf den Tag genau zehn Jahre älter war, zur gleichen Zeit die Bibel in die deutsche Sprache übersetzt, dann wäre unsere hochdeutsche Schriftsprache wohl schwäbisch gefärbt, so wie Paracelsus geschrieben hat.

Er hat, was keiner vor ihm tat, Quellen und Mineralien chemisch analysiert und damit die moderne Chemotherapie geschaffen.

Er holte die Medizinstudenten ans Krankenbett und lehrte sie, der exakten Beobachtung und Erfahrung zu folgen. Das war der Anfang der Naturwissenschaft überhaupt.

Doch das ist längst nicht alles. Paracelsus beschränkte sich nie darauf, einen kranken Körper zu heilen. Er sah immer die ganze Persönlichkeit, bestehend aus Geist, Seele und Körper. Und er wußte, daß Sorgen und Ängste und innere Unausgeglichenheit immer wieder aufs neue krank machen, weil die seelischen Belastungen der fruchtbare Boden sind, in dem Krankheiten erst gedeihen können...

Karge Jahre der Kindheit – im Schatten von Einsiedeln

Das sechzehnte Jahrhundert – es ist nicht ganz leicht, sich heute ein Bild zu machen von jener Zeit. Man kann sich kaum mehr vorstellen, wie grauenvoll und armselig, wie hoffnungslos das Leben damals in Mitteleuropa gewesen sein muß. Paracelsus hat so ziemlich alles an Not und Elend vom ersten Tag seines Lebens an und bis zu dessen letzter Stunde verspüren müssen.

Was bedeutete schon der wohlklingende Name, der auf eines der ältesten deutschen Adelsgeschlechter verwies –

von Hohenheim? Der Vater des Paracelsus, Wilhelm von Hohenheim, lebte nicht auf dem Schloß der Bombaste von Hohenheim bei Stuttgart. Er war ›Untermieter‹ in einem Bauernhaus bei Einsiedeln in der Schweiz, im Ochsnerhaus bei der Brücke an der Sihl-Schlucht. An diesem Haus zogen die Pilger vorbei – notleidende, kranke, verlorene Menschen, die von der ›Schwarzen Madonna‹ von Einsiedeln Rettung erhofften. Die Wallfahrt war in den meisten Fällen ihre letzte Hoffnung. Sie kamen aus der ganzen Schweiz, aus Österreich, aus Bayern, dem Schwabenland und nicht selten aus noch ferneren Gebieten. Wenn sie, kurz vor dem Ziel, sich beim Ochsnerhaus über den ›Etzelpaß‹ schleppten, waren sie am Ende ihrer Kräfte, der Erschöpfung nahe.

Wilhelm von Hohenheim, Arzt aus Leidenschaft, hatte sich nicht zufällig an diesem Ort niedergelassen. Hier gab es für ihn Arbeit in Hülle und Fülle, denn der Pilgerstrom riß kaum einmal ab. Vor Festtagen und danach ging es vor dem Ochsnerhaus zu wie bei einem Volksfest. Der Armeleutearzt pflegte wundgelaufene Füße, verband offene Geschwüre und eitrige Wunden. Er gab den Erschöpften ein Stärkungsmittel – oder stellte ihnen wenigstens seinen Esel zur Verfügung, damit sie lebend das Ziel ihrer Reise, die Gnadenmutter, erreichten. Wie oft wohl mußte er einspringen, wenn das Gebet in Einsiedeln keine Heilung gebracht hatte?

Das war kein Platz, um Reichtümer zu sammeln oder einen klangvollen Namen zu erwerben. Hier konnte ein Arzt bei kargem Auskommen jedoch helfen wie kaum anderswo.

Der kleine Philippus Aureolus Theophrastus von Hohenheim, so lautete der Name seines einzigen Kindes, wahrscheinlich am 10. November 1493 geboren, bekam hier seine ersten, prägenden Eindrücke von der Welt. Als man später den Stadtarzt von Basel seiner ›bäuerlichen Art‹ wegen tadelte, Anstoß nahm an seiner nicht standesgemäßen Kleidung und seiner oft recht unbeholfenen Ausdrucksweise, verteidigte er sich: »Ich habe in Armut und Hunger meine Jugend verzehrt. Von Natur aus bin ich nicht fein gesponnen. Das ist auch nicht die Art meiner Heimat Einsiedeln, mit Seidenspinnen hochzukommen. Wir wurden nicht mit Feigen erzogen, noch mit Honigsaft, noch mit Weizenbrot, sondern mit Käse, Milch, Haferbrot. So wachsen keine feinen Bürschlein heran. Ein Leben lang hängt einem an, was man in der Kindheit empfangen hat. Diejenigen, die in feinen, weichen Kleidern und in Frauenzimmern erzogen wurden, und unsereins, der in Tannenzapfen heranwuchs, verstehen einander nicht besonders...«

Die Mutter des Paracelsus, Els Ochsner, war eine sogenannte ›Gotteshausfrau‹. Sie ›gehörte‹ leibeigen dem Kloster Einsiedeln. An fünf Tagen der Woche mußte sie, wie ihre ganze Familie, im Kloster Dienstmagdpflichten nachkommen – auf den Feldern arbeiten, putzen, kochen, waschen. Nur an einem einzigen Tag konnte sie sich der Familie und dem eigenen Haushalt widmen.

Ihr Mann, der Arzt Wilhelm von Hohenheim, war als Schwabe kein Eidgenosse, sondern Ausländer. 1499 brach zwischen der Schweiz und den Nachbarn am Bodensee der sogenannte ›Schwabenkrieg‹ aus. Paracelsus war gerade sieben Jahre alt. Nun zählte sein Vater zu den Feinden seiner Heimat.

Aber der Vater hätte die Schweiz mit seiner Familie auch nicht verlassen können. Seine Frau war ja kein freier Mensch, der einfach seine Koffer hätte packen und wegziehen dürfen. Sie mußte als ›Eigentum‹ des Klosters Einsiedeln bleiben. Und der arme Arzt besaß nicht das Geld, um sie loskaufen zu können.

Unter den unmenschlichen Bedingungen des Frondienstes, der politischen Situation und der Aussichtslosigkeit in ihrem Dasein brach Els Ochsner zusammen. Sie wurde psychisch krank und war schließlich geistig völlig verwirrt. Ihr Mann, der ihr als Arzt nicht helfen konnte, mußte sie zu Hause einsperren, wahrscheinlich sogar ans Bett fesseln. Einmal, in einem unbewachten Augenblick, konnte sie entkommen. Sie lief zur Sihl-Brücke und stürzte sich in die tosenden Fluten.

Paracelsus dürfte damals neun oder zehn Jahre alt gewesen sein. Das Problem der geknechteten, unfreien Kreatur blieb zeitlebens für ihn eine zentrale Frage und ließ ihn nie mehr los. Viel später, als er kurz in Salzburg ansässig werden wollte, geriet er in den Aufstand der Bauern. Und ganz selbstverständlich stellte er sich auf die Seite der Aufständischen, weil er wußte, daß ein unfreier Mensch, der ausgebeutet wird wie ein Stück Vieh, nicht gesund bleiben kann. Seiner Parteinahme wegen geriet er in Haft und hatte noch Glück, daß man ihn – wieder einmal – davonjagte. Nur davonjagte und nicht gleich hinrichtete.

Der ›Lehrling‹ von Villach

Nach dem Tod der Mutter war der Vater frei. Er verließ die Schweiz mit dem zehnjährigen Paracelsus und wanderte fünfhundert Kilometer weit nach Villach in Kärnten.

Wilhelm von Hohenheim blieb bis zu seinem Tod im Jahre 1534 in Villach. Er war dort angesehener Stadtarzt, betätigte sich daneben aber auch als erfahrener Alchimist in Bergwerken. Er lehrte die Bergleute, wie man aus den Erzen reines Metall gewinnt.

Paracelsus nennt später das Erzherzogtum Kärnten sein »zweites Vaterland, in welchem mein lieber Vater zweiunddreißig Jahre lang gewohnt hat, gestorben ist und begraben wurde. Ihm ist von einer löblichen Landschaft viel Zucht, Ehre und Gutes erwiesen worden, so daß es nur billig ist, wenn ich mich an seiner Stelle dankbar zeige«.

Zunächst schien es, als könnte nun endlich Ruhe, Ordnung und Normalität in das Leben des kleinen Paracelsus einkehren. Der Vater, so bezeugt Paracelsus mehrfach, ist für ihn der erste und einflußreichste Lehrmeister geworden, dem er mehr als allen anderen verdankt. Von ihm erfuhr er, wie man mit Pflanzen, Salben, Pulvern umgeht, bei welchen Krankheiten sie helfen, wie man Leiden diagnostiziert und Patienten behandelt. Man darf mit Sicherheit annehmen, daß Paracelsus seinen Vater wenigstens zeitweise wie ein Lehrling begleitete, um dabei viele praktische Erfahrungen zu sammeln.

Das allein wäre schon unschätzbar viel gewesen. Doch es war längst nicht alles, was Wilhelm von Hohenheim seinem Sohn mitgegeben hatte. Er wußte, wie vielleicht kein anderer vor ihm, wie man unzählige Substanzen aus ihren natürlichen Verbindungen herauslöst und rein und unverfälscht herstellt. Die gewonnenen Mineralien und Metalle setzte er aber auch schon gezielt als Heilmittel ein. Das war die Geburtsstunde der Chemotherapie, die erste systematische Verwendung chemischer Heilmittel, denen Paracelsus später zum großen Siegeszug in der Medizin verhalf.

Außerdem vermittelte Wilhelm von Hohenheim seinem Sohn das Bild des wahren Arztes, der nicht nach Gewinn und Ansehen fragen darf, sondern einzig und allein von einem hohen Verantwortungsgefühl den Kranken gegenüber geleitet werden muß.

»Nicht der Titel, nicht die Beredsamkeit, nicht eine gewandte Zunge, auch nicht die Lektüre vieler Bücher ist in der Medizin wünschenswert, wenn das auch nicht wenig Ansehen verleihen mag. Worauf es ankommt, das ist die Kenntnis der Dinge und Mysterien. Damit läßt sich leicht alles andere ersetzen. Es ist Sache des Arztes, die Arten der Krankheiten, ihre Ursachen und Symptome zu kennen und darüber hinaus durch seine Geschicklichkeit und seinen Fleiß Heilmittel anzuwenden, sowie mit Geist und Verstand sie alle zu heilen«, schreibt Paracelsus später. Wie hoch er seinen Beruf eingestuft hat, zeigt sein Ausspruch: »Für den Kranken ist der Arzt der Stellvertreter Gottes auf Erden.«

Die Heilkunst war für ihn – vom Vaterhaus her – eingebettet in tiefe Gläubigkeit. Als Arzt fühlte er sich berufen zu einem Amt, das er in allerhöchstem Auftrag und nur stellvertretend ausübte, um eines Tages Rechenschaft über seine Leistung abzulegen. Er sah sich – in seinem medizinischen Bereich – als Beauftragter und Stellvertreter Gottes.

Seine Ausbildung führte ihn folgerichtig in die Schule von Geistlichen, in das Benediktinerkloster Sankt Paul im Lavanttal, etwa einen Tagesritt von Villach entfernt. Diesem Kloster war ein Gymnasium angegliedert, das er ab dem elften oder zwölften Lebensjahr besuchte. Hier sollte nun die praktische Erfahrung von zu Hause eingebettet werden in das große philosophisch-theologische Weltbild mittelalterlicher Weisheit.

Vor den Trümmern des Abendlandes

Doch gerade dann war es endgültig vorbei mit Ruhe, Beschaulichkeit, Ordnung und Geborgenheit. Zu Beginn des sechzehnten Jahrhunderts war das Weltbild der Philosophen ebenso wie das der Theologen nur noch ein trauriger Scherbenhaufen. Das Mittelalter ging in einem unvorstellbaren Chaos zu Ende. Die Zeit, in der die herrlichen Dome gebaut, Wissen und Glauben von Universalgenies wie Albertus Magnus und Thomas von Aquin in noch eindrucksvolleren Gedankengebäuden zusammengefaßt, komprimiert und allgemein gültig und verbindlich dargestellt und miteinander in Einklang gebracht wurden, so daß alles für immer zu stimmen schien, war endgültig vorbei. Niemand wußte sich mehr geborgen im ›Christlichen Abendland‹, im Reich Gottes auf Erden, geführt von dem einen Kaiser und gesegnet von dem einen Papst. Alles, rein alles, was bisher Sicherheit und Festigkeit vermittelt hatte, war zerbrochen. Dafür tat sich eine neue, eine erschreckende Welt auf. Der Umbruch war noch tiefgreifender und wurde ganz sicher weit schmerzlicher empfunden als das, was wir heute, am Ende des zwanzigsten Jahrhunderts, erleben.

Um nur die wichtigsten Strömungen und Kehrtwendungen, Erfahrungen und Entdeckungen zu nennen:

Als Paracelsus vor den Stadttoren Basels die Standardwerke der Medizin seiner Zeit verbrannte,

■ war das erste gedruckte Medizinbuch gerade fünfundsiebzig Jahre alt geworden. Überall entstanden Buchdruckereien. Es war zur ersten großen Bücherflut über Europa gekommen, die es möglich machte, Wissen und Weisheit nach Hause zu tragen und zu studieren,

■ waren gerade sechsunddreißig Jahre vergangen, seitdem Christoph Kolumbus die neue Welt Amerika entdeckt hatte,

■ waren elf Jahre vergangen, seitdem der ehemalige Augustinermönch Martin Luther in Wittenberg seine fünfundneunzig Thesen angeschlagen und damit die Reformation eingeleitet hatte, acht Jahre, seit seiner Verbrennung der Bann-Bulle, die der Papst aus Rom nach Wittenberg geschickt hatte. In der Schweiz wirkten Zwingli, in Frankreich Calvin als Reformatoren. Alle waren sie ungefähr so alt wie Paracelsus. Der englische König Heinrich VIII. (1491 bis 1547) war gerade dabei, sich von Rom loszusagen und sich selbst zum Oberhaupt einer eigenen, anglikanischen Kirche zu machen,

■ lebte in Danzig ein Forscher namens Nikolaus Kopernikus (1473 bis 1543), der die kühne Behauptung aufstellte: Die Erde ist gar keine Scheibe, wie bisher angenommen, sondern eine Kugel. Und diese Kugel bildet auch nicht den Mittelpunkt der Schöpfung, sondern sie bewegt sich um die Sonne. Es stimmt gar nicht, was in der Bibel steht, daß die Sonne auf- und untergeht. Sie bewegt sich nicht.

Die Türken rückten auf Wien vor. Mit viel Mühe nur war es den Fürsten eben gelungen, die Bauernaufstände niederzuwerfen. Diese Kämpfe hatten auf beiden Seiten unsagbar viel Blut fließen lassen.

Mehr als alle Umstürze und Zusammenbrüche fürchteten die Menschen vor vierhundertfünfzig Jahren aber die große Seuche Pest, die an allen Ecken und Enden Europas aufflammte und die Bevölkerung in Stadt und Land dezimierte. War dieses Leid nicht der Anfang vom Ende? Die gnadenlose Strafe Gottes für die um sich greifende Ungläubigkeit?

Aus Frankreich kamen die ersten düsteren Prophezeiungen des weltberühmten Arztes Michel Nostradamus (1503 bis 1566). Sie kündigten neue, noch schlimmere Katastrophen, Krieg und Verderben an. Sie zeichneten Bilder von einer apokalyptischen Untergangstragödie und sprachen aus, was Millionen von Zeitgenossen mit düsteren Ahnungen erfüllte.

Und die Schrecken standen ja auch vor der Tür. Bald sollte der Dreißigjährige Krieg über Europa wüten. Die Völker waren dabei, sich selbst auszurotten. Und beinahe wäre ihnen das auch gelungen.

Kein Zweifel – es war eine unvorstellbar schlimme Zeit.

An der Schwelle einer neuen Zeit

Doch brisante Zeiten, Augenblicke, in denen die Menschheit sich aufmacht, einen wichtigen Schritt nach vorn zu tun, sind zugleich auch immer die fruchtbarsten Zeiten. Sie bringen die großen Genies, die Entdecker, Erfinder, die Denker und Reformatoren hervor. Es sind Menschen, die aus einer großen Tradition kommen, der sie noch voll verhaftet sind, zugleich aber auch über sie hinauswachsen und in eine neue Zeit hineinführen. Das läßt sich durch die ganze Geschichte verfolgen.

Paracelsus war selbst einer dieser Menschen zwischen den Zeiten. Er ist persönlich den meisten der bedeutenden Köpfe seiner Zeit begegnet – und das war in seinem recht kurzen Leben eine solche Fülle, daß ein normaler Sterblicher gut und gerne zweihundert oder gar dreihundert Jahre leben müßte, um am Schluß eine ähnliche Zahl an Begegnungen aufweisen zu können.

Nikolaus Kopernikus, Martin Luther, Zwingli wurden schon erwähnt. Der junge Paracelsus hat in Wittenberg Vorlesungen und Predigten Luthers gehört. Zwingli (1484 bis 1531) war als junger Geistlicher in Einsiedeln, dem Geburtsort des Paracelsus, angestellt, so daß angenommen werden darf, daß er ihm dort ebenfalls begegnet ist, wenngleich er erst zehn Jahre alt gewesen ist.

Als Paracelsus in Ferrara studierte – einer Stadt, in der die machtvolle und glanzvolle Persönlichkeit Alphonso d'Este mit seiner Gemahlin Lukrezia Borgia herrschte –, hatte Kopernikus dort gerade seinen Doktor gemacht.

Nicht weit von seinem Studienort entfernt lebte und wirkte eines der wohl größten Genies aller Zeiten, Leonardo da Vinci (1452 bis 1519).

In Basel machte Paracelsus die Bekanntschaft des führenden deutschen Humanisten Erasmus von Rotterdam (1456 bis 1536). Briefwechsel und Gedankenaustausch zwischen den beiden beschränkten sich ganz bestimmt nicht nur auf die Krankheit von Erasmus. Leider sind nur die Briefe erhalten, in denen der Gelehrte dem Arzt sein Leiden schildert und um eine Diagnose bittet und später, nach der erhaltenen Diagnose, in der für so viele Patienten typischen Art antwortet:

»Momentan habe ich keine Zeit für eine Kur, nicht einmal zum Kranksein oder gar zum Sterben, so tief stecke ich in meiner Arbeit. Doch wenn Du mir etwas empfehlen könntest, was mein Leiden lindert, dann teile es mir doch bitte mit. Ist das nicht anzuraten, dann bitte ich Dich, daß Du mir eine Arznei verschreibst, die ich, sobald ich Zeit finde, anwenden will.«

Der Ton des Briefes ist so vertraulich, als würde er an einen guten Freund gerichtet. Bemerkenswert, daß selbst so gescheite Leute wie Erasmus von Rotterdam ›keine Zeit‹ haben, krank zu sein oder gesund zu werden. Er suchte nach einem Mittel, das die Beschwerden linderte, und falls das nicht ging, nach einer rasch wirksamen Medizin. In der Einstellung der Menschen zu ihrer Gesundheit scheint sich in den Jahrhunderten nicht viel geändert zu haben.

Auf seinen Reisen durch ganz Europa kam Paracelsus auch nach Montpellier. Ganz sicher versäumte er bei dieser Gelegenheit nicht, dem französischen Hofarzt, Astrologen und Propheten Michel Nostradamus in Salon de Provence einen Besuch abzustatten.

Er begegnete auch – und das wurde wieder bestimmend für sein Wirken – den bedeutendsten arabischen Ärzten, Magiern und Philosophen. Er war an nahezu allen Fürstenhöfen, in unendlich vielen Klöstern, an unzähligen Universitäten.

Alle diese herausragenden Persönlichkeiten der europäischen Geschichte standen an »der Wende zur Moderne, jenem tiefsten Einschnitt in der Zeit nach Christi Geburt, jener doppelten kopernikanischen Wende – von der Erde zur Sonne, zugleich von Gott zum Menschen«, wie es Professor Hans Küng ausdrückte. Und sie erhofften sich unendlich viel von der neuen heraufdämmernden Zeit: »Die Weltumseglung, die Entdeckung des größten Kontinents der Erde, die Erfindung des Kompasses, die Verbreitung des Wissens durch die Druckpresse, die Revolutionierung der Kriegskunst durch das Schießpulver, die Rettung antiker Handschriften, die Wiederbelebung der gelehrten Forschung, all das legt Zeugnis ab vom Triumph unseres neuen Zeitalters«, jubelte der französische Arzt J. Fernel, ebenfalls ein Zeitgenosse von Paracelsus. Ein riesiger Optimismus erfüllte die geistige Elite Europas.

Und sie sollte recht behalten. Die Menschheit stand unmittelbar vor einem ungeahnten Aufschwung der Wissenschaften und der Technik.

Verwurzelt in der Scholastik

In der Klosterschule der Abtei St. Paul im Lavanttal, möglicherweise später auch in der nahegelegenen Schule St. Andrae, wurde Paracelsus noch unverfälscht die Denkweise der Scholastik beigebracht. Er lernte, was Thomas von Aquin (1225 bis 1274) in seinen ›Summen‹ zusammengefaßt hatte: Alle Wissenschaften sind ›Mägde‹ der einen und wahren Wissenschaft, der Theologie. Ihr haben sie sich widerspruchslos unterzuordnen – und von ihr bekommen sie Richtung und Sinn zugeordnet. Alles ist nur richtig und wahr, insofern es mit der Glaubenslehre übereinstimmt.

Ganz oben also steht die göttliche Offenbarung und der darin begründete Glaube. Er war die Quelle der Wissenschaft. Das Wissen selbst, streng logisch geordnet, hatte letztlich die Offenbarung zu bestätigen und stets dafür zu sorgen, daß es zwischen beiden keinen Widerspruch gab.

Zubereitung von Arzneien im 15. Jahrhundert, Holzschnitt 1497

Thomas von Aquin war es gelungen, die Philosophie der alten Griechen, vor allem die des Aristoteles, mit der christlichen Glaubenslehre so in Einklang zu bringen, daß Philosophie und Glaube völlig übereinstimmten.

Dieser Schule ist Paracelsus, auch wenn das durch die Jahrhunderte geleugnet wurde, ein Leben lang treu geblieben. Als Arzt war er sich stets bewußt, daß es keine wahre Heilkunst geben kann, die nicht Philosophie und Religion miteinbezieht. Niemals gab es für den Begründer der modernen Medizin eine Behandlung, die auf die körperliche oder auf die seelische Erkrankung beschränkt blieb. Er suchte niemals nach einem Heilmittel gegen ein vordergründiges Symptom, wie es seine Jünger bis auf den heutigen Tag tun. Er behandelte immer Körper, Seele und Geist gleichzeitig und gleichermaßen. Bei jeder Form der Erkrankung. Er wußte schon, daß ein einziger falscher Gedanke krank machen kann. Für ihn war es selbstverständlich, daß es wenig Sinn hat, ein Geschwür oder eine Geschwulst wegzuschneiden, solange nicht gleichzeitig die Ursache beseitigt wird, die sie heranwachsen ließ, sonst würde sie sich erneut entwickeln. Der Mensch, das stand für Paracelsus außer Zweifel, kann nur so lange gesund sein – und nach einer Krankheit wieder gesund werden, als er sich geistig, seelisch und körperlich in Harmonie, im Einklang mit der ganzen Schöpfung befindet. So sagte er etwa: »Jeder irdische Körper besitzt über dem, was er von den Elementen in sich trägt, eine firmamentische Kraft und firmamentische Eigenschaften. Wer weiß, was in den natürlichen Kräften firmamentisch ist, der ist ein Philosoph. Er und nur er kann auch die Kräfte der Kräuter heilsam anwenden, weil er um die firmamentische Kraft der Heilkräuter weiß.«

Das ist kein verschlüsselter astrologischer Hinweis und auch keine Aufforderung zu magischen Praktiken, sondern die ernste Warnung davor, die Medizin oder irgendeine andere Wissenschaft isoliert zu betrachten oder gar zu betreiben. Die Welt im kleinen und die Welt im Detail der einzelnen Fachrichtungen ist stets ein Abbild der ganzen Schöpfung. Was für den Lauf der Sterne gilt, das gilt auch für die Lebensfunktionen in jedem Körper. Heilen kann deshalb nur, wer die Schöpfung kennt und mit ihren Gesetzen vertraut ist. Oder anders gesagt: Die rein empirische Erfahrung ist wertlos, vielleicht sogar gefährlich, solange sie nicht überhöht und eingepaßt wird in den großen Rahmen des kosmologisch-metaphysischen Weltbildes. Deshalb sollte jeder Arzt, jeder Physiker, jeder Biologe, jeder Chemiker, überhaupt jeder Naturwissenschaftler zugleich auch immer Theologe oder doch zumindest ein umfassend gebildeter Philosoph sein.

Mit etwa sechzehn Jahren, so scheint es, war Paracelsus den Schulen in Kärnten entwachsen. Sein Vater schickte ihn zunächst an die Universität von Wien, wo er Medizin studierte.

Man kann ein solches Studium des sechzehnten Jahrhunderts mit dem heutigen Hochschulunterricht überhaupt nicht vergleichen. Die Studenten wurden nicht gezielt auf ihren späteren Beruf hin ausgebildet, sondern absolvierten zunächst ein umfassendes ›Studium generale‹: Jeder studierte Theologie, Philosophie, Rhetorik – nicht zuletzt Astrologie, um auf diese Weise im Wissen seiner Zeit ›heimisch‹ zu werden. Gleichgültig, ob einer Jurist, Geistlicher oder Arzt werden wollte – am Anfang der Studien fand sich die stabile Wissensgrundlage, die Schaffung eines umfassenden, ›runden‹ Weltbildes.

Darauf konnte dann das Spezialwissen der gewählten Fakultät gesetzt werden. Aber auch diese Bildung war wiederum rein theoretisch und ohne jede praktische Erfahrung. Der Professor ›las‹ ein Stück aus einem berühmten klassischen Lehrbuch. Danach wurde einer der Studenten aufgefordert, mit ihm über die zitierten Sätze zu diskutieren, so wie es schon Sokrates auf dem Marktplatz in Athen mit seinen Studenten gemacht hatte: Es wurde eine Behauptung aufgestellt und dann versucht, mit Argumenten diese Behauptung zu bekräftigen, zu beweisen oder gar zu Fall zu bringen. Dabei ging es zu wie heute in einem Parlament, nur hielt man sich weit strenger an logische Grundregeln. Am Schluß der Studien, in deren Verlauf man verschiedene akademische Grade erklimmen konnte, stand das Examen vor den versammelten Professoren, die wiederum mit dem Doktoranden disputierten. Schlagfertigkeit, Redegewandtheit und ein gutes Gedächtnis für die Zitate der großen Lehrmeister waren dabei wesentlich wichtiger als Wissen oder gar Können.

Paracelsus hat in Wien vermutlich innerhalb von drei Jahren den untersten akademischen Grad erreicht. Danach zog er weiter.

Die neue Welt der Renaissance

Es zog ihn an eine der berühmtesten Universitäten seiner Tage, nach Ferrara. Wie er selber bekennt, war er überwältigt von dieser ›ganz anderen Welt‹, von der Pracht der Bauwerke, Kirchen und Paläste, von der farbenprächtigen, fruchtbaren Landschaft – am meisten aber von der überschäumenden Impulsivität des neuen Lebensgefühls. Hier, südlich der Alpen, war die Aufbruchstimmung in ein neues Zeitalter überall und in allen Bereichen spürbar. Mit ungeheurer Vitalität rüttelten die Menschen an uralten Dogmen und versuchten, die Verkrustungen des Lebens zu zerbrechen. Leben, Erfüllung, so hieß die für die damalige Zeit geradezu ungeheuerliche Losung, ist der Sinn des Daseins. Begriffe wie Tugend, Verzicht, Buße, Askese waren im Handumdrehen bedeutungslos geworden. Die Menschen suchten nach dem, was man heute als ›Selbstverwirklichung‹ bezeichnet. Sie genossen die sinnlichen Freuden in solchem Überschwang, daß sie in ihrem egoistischen Erfüllungsdrang auch vor Verbrechen, Mord und Totschlag nicht zurückschreckten. Das war die Zeit, in der Personen wie Lukrezia Borgia oder ihrem Vater, dem Papst Alexander VI., (1492 bis 1503) ehemals Seeräuber, ebenso Abscheu wie Bewunderung entgegengebracht wurde: Sie hatten den Mut, sich zu ihren Regungen und Wünschen zu bekennen und sich ungehemmt auszuleben. Das war eine neue, faszinierende Art des Lebens.

Dieser Geist hatte auch schon Einzug in die Universität von Ferrara gehalten. Die Medizinprofessoren hielten sich zwar noch in der großen Linie an die bisher unbestrittene ›Bibel‹ der Medizin, an die Lehren des griechischen Arztes Galenus (129 bis 199) und an die Theorien des arabischen Mediziners Ibn Sina Avicenna (980 bis 1037). Doch diese ›Dogmen der Medizin‹ waren für sie keine unanfechtbare Wahrheit mehr. Sie durften, zum erstenmal seit einem halben Jahrtausend, in Frage gestellt werden. Das war einmalig und kam einem Sakrileg gleich.

Auf Paracelsus mußte das, was er hier hörte und erlebte, wie eine Befreiung von einem Alpdruck gewirkt haben. Drei Jahre lang sog er begierig diese neue, lebendige Weisheit in sich hinein. Dann schloß er seine Studien mit der Promotion zum Doktor ›beider Arzneien‹ ab. Das heißt, er war zugleich Internist, wie wir das heute ausdrücken würden, und Chirurg.

Schon seine Zeitgenossen haben diese Titel immer wieder in Zweifel gezogen. Doch geschah dies sicherlich nicht, weil man seine Qualifikation ernsthaft in Frage stellte. Eine Nachforschung in Ferrara hätte sehr schnell Gewißheit gebracht. Auch hätte Paracelsus es nicht gewagt, sich König Ferdinand gegenüber und ein andermal unter Eid die Titel unberechtigt zuzulegen. Der Betrug wäre sehr schnell aufgedeckt worden. Und das hätte ihn das Leben gekostet.

Auf den Spuren alter Weisheiten

Paracelsus war nun also Arzt – doch noch keineswegs so weit, sich irgendwo niederzulassen und eine Praxis zu eröffnen oder ein Lehramt zu übernehmen. Noch fehlte ihm die wohl wichtigste Voraussetzung – die praktische Erfahrung. Das, was er seinem Vater abgeschaut und was man ihm an den Universitäten beigebracht hatte, konnte ihm nicht genügen. Er wollte noch mehr wissen und gewissermaßen überprüfen, ob die offizielle Schulweisheit alles ist oder ob es nicht darüber hinaus noch Wissen und Können gibt, das vielleicht noch wichtiger, vor allem heilsamer ist.

So begann seine erste, achtjährige ›Vagabundenzeit‹ zwischen 1516 und 1524. Der Weg des nun vierundzwanzigjährigen Arztes läßt sich nicht exakt verfolgen. Er selbst sagt darüber nur: »Ich bin nach Granada gewandert, nach Lissabon, durch ganz Spanien, durch England, durch die Mark Brandenburg, durch Preußen, durch Litauen, durch Polen, Ungarn, Siebenbürgen, Österreich und viele andere Länder, die ich nicht alle aufzählen kann... Sie vertrieben mich zuerst aus Preußen, dann aus Litauen, dann aus Polen. Doch nicht genug damit. Ich gefiel auch den Holländern nicht. Ich

Sammeln und Destillieren von Kräutern, Holzschnitt 1500

wurde an den Universitäten nicht geduldet und fand Anklang und Anerkennung weder bei Juden noch bei den Mönchen. Nur einer Sorte Mensch gefiel ich Gott sei Dank: den Kranken.«

Die Ablehnung des jungen Querkopfes ist nur zu verständlich: Paracelsus brachte aus Ferrara den neuen Geist der Renaissance nach dem Norden. Er mußte der etablierten Ärzteschaft vorkommen wie Martin Luther der alten Kirche – wie einer, der alle bisherigen Werte vernichtet und Ordnung und Sicherheiten einreißt.

Gleichzeitig war er aber eine bedrohliche Konkurrenz, denn er hatte mit seinen absonderlichen Heilmethoden Erfolg. Die Leute liefen dem ›Scharlatan‹ nach. Er war, so würde man heute sagen, der gefürchtete ›Außenseiter‹, der den Patienten klarmachte, wie wenig die ›Schulmedizin‹ vermochte.

Dieser Eindruck wurde verstärkt durch die Tatsache, daß sich der junge Arzt mit allerlei suspekten Leuten einließ und auch vor Heilmethoden nicht zurückschreckte, die jedem rechtschaffenen Arzt ein Greuel sein mußten. Der Wissensdurst des Paracelsus war unstillbar. Und er kannte keine Grenzen: »Ich habe an allen Enden und Orten fleißig und emsig nachgefragt, geforscht, allem, was mit der Heilkunst zu tun hat, nachgespürt – nicht nur bei den Doktoren, sondern auch bei Barbieren, Badern, Gelehrten, Ärzten, Weibern, Henkern, Schwarzkünstlern, soweit sich diese mit Krankheiten abgaben, bei Klöstern, bei Edlen und Unedlen, bei Gescheiten und Einfältigen...«

War so etwas nicht eines gebildeten Arztes unwürdig?

Man kann sich das ungefähr so vorstellen: Auf einem Esel ritt der Doktor durch die Gegend. Mit dem Schiff ließ er sich stromaufwärts rudern. Mit Karren fuhr er über das Land. Nicht ziellos, sondern gewissermaßen von einer ›Quelle‹ zur anderen. Kam er in einen fremden Ort, dann erkundigte er sich nach dem besten Arzt, nach der Hebamme, die etwas Besonderes vermag, nach dem ›Hexer‹ oder der alten Kräuterfrau. Diese Leute suchte er auf, um ihnen ›ihr Geheimnis‹

herauszulocken. Wenn er irgendwo hörte, da oder dort würde ein erfahrener Naturheiler leben, reiste er sofort dorthin. In Spanien verfolgte er vor allem die Heilkünste arabischer Ärzte. In England suchte er nach Spuren uralter keltischer Weisheiten, die im Volke noch vorhanden waren. Auf dem Balkan folgte er Zigeunerfamilien und beobachtete deren Heilmethoden. In Polen und Rußland fragte er nach dem östlichen Schamanenwissen.

Er übersah aber auch nicht, was ganz einfache Menschen als heilsam praktizierten. Und er schrieb auf, was er bei ihnen sammeln konnte: »Beispielsweise Erfahrungen der Handwerker, die im Umgang mit ihrem Werkzeug, mit Werkstoffen und Materialien Wissen besaßen: Etwa den Brauch der Kessler, mit Kupferschlag das Blut zu stillen und frische Wunden ›auszutrocknen‹. Oder die Schmiede, die mit ›verbranntem Eisen‹, dem sogenannten crocus martis, ihre Wunden behandelten. Oder die Hafner, die mit ›Silber- und Goldglett‹ zu heilen verstanden. Solche Volksweisheiten gab es überall und in großer Fülle – Erfahrungen aus Jahrtausenden...«

Paracelsus rechtfertigt solche Heilmethoden: »Solche Rezepte, die man relativ leicht auftreiben kann, sollen nicht verschwiegen werden. Denn eine Arznei wird nicht zum Heilmittel, weil sie von Experten erfunden werden, sondern durch die Erprobung. Die Arzneien der einfachen Menschen sind von Gott nicht geschaffen worden, daß man sie nur so zum Spaß sammelt. Sie sollen den Kranken helfen. Sie heilen nämlich Wunden, die für andere Heilmittel oft zu schwer sind...«

Seit jeher, so weiß Paracelsus, sind solche Heilkünste dem Volk vertraut. »Dieweil diese Künste aber ›sophistiziert‹ wurden von vermeintlichen und selbsternannten Gelehrten, ist das rechte Grundwissen weitgehend vergessen und durch das Lappenwerk ersetzt worden...«

Damit wendet er sich – wie so oft – gegen die Stubengelehrsamkeit seiner Kollegen, die »ohne Erfahrung auszukommen glauben«.

»Gibt Wandern nicht mehr Verstand, als hinter dem Ofen sitzen? Kein Meister wächst zu Hause, noch findet er einen Meister hinter dem Ofen. Die Künste sind nicht gesammelt in der Heimat aufzutreiben. Sie finden sich verstreut in der ganzen Welt. Sie gehören weder einem Menschen noch sind sie an einen Ort gebunden. Sie müssen zusammengeklaubt werden, genommen und gesucht da, wo sie sind. Anders gesagt: Die Kunst geht keinem nach, sondern ihr muß nachgegangen werden. Mit Fug und Recht habe ich sie also gesucht und nicht darauf gewartet, daß sie mich findet...
Von den Erfahrenen und Tüchtigen habe ich gehört, ein Arzt soll ein Landfahrer sein. Das gefiel mir sehr gut. Denn die

Anbau von Heilkräutern in einem Kräutergarten des 16. Jahrhunderts; Holzschnitt 1557

Ursachen, die Krankheiten, wandern durch die ganze Welt und verharren nicht an einem Ort. Will einer viele Krankheiten erkennen, muß er wandern. Je weiter er wandert, desto mehr erkennt und lernt er... Ein Arzt soll doch kein Nudeldrucker sein (der sein Können in der Stube erlernen muß). Er braucht Erfahrungen. Wer allerdings seinem Bauch dienen will, der tut nicht gut daran, mir zu folgen. Er soll sich an jene halten, die in Samt und Seide gekleidet sind. Fröhlich wandern kann nämlich nur, wer nichts besitzt. Es stimmt schon: Damit sie nicht beraubt und ermordet werden, bleiben sie hinter dem Ofen und kehren Birnen um. Meine Wanderschaft gereicht mir zum Lob, nicht zur Schande. Denn das will ich bezeugen mit der Natur: Wer sie erforschen will, muß mit den Füßen ihre Bücher treten. Die Schrift wird erforscht durch ihre Buchstaben, die Natur durch Land um Land. Jedes neue Land ist ein neues Blatt des Buches. So ist also der codex naturae: Man muß seine Seiten umkehren...« Paracelsus hat auf seiner Wanderung mindestens fünftausend Kilometer zurückgelegt.

Der erste ›ehrenwerte‹ Chirurg

Doch das ist immer noch nicht alles. Paracelsus will nicht nur Arzneien und Heilmethoden sammeln, um sie den Kranken zugute kommen zu lassen und sie vor dem Vergessen zu bewahren, er sucht nach Gelegenheiten, sie praktisch zu erproben. Wo könnte man das besser als auf dem Schlachtfeld?

Er ist Feldscher geworden, ein Militärarzt. Diese Position war unter den Ärzten seiner Zeit sehr gering geschätzt. In aller Regel überließ man sie Leuten, die gar keine rechten Ärzte waren, sondern ›Handwerkern‹, die Haare schnitten, Zähne zogen, nicht selten sogar Henkern. Der akademisch gebildete Arzt war sich für diese ›Dreckarbeit‹ zu gut. Er gab allenfalls Anweisungen, wie die Verwundeten behandelt werden sollten. Selbst rührte er kein Skalpell und keine Wundbinde an.

Gerade aber am Operationstisch wollte Paracelsus lernen. Er wäre aber nicht Paracelsus gewesen, hätte er nicht in sehr kurzer Zeit auch dieses ›Handwerk‹ von Grund auf umgekrempelt.

Als er, vermutlich 1516, im Krieg der Stadt Venedig gegen Kaiser Maximilian, auf venetianischer Seite als Feldarzt diente, erlebte er noch, daß grundsätzlich alle frischen Wunden mit dem glühenden Eisen behandelt wurden. Er hat das zunächst sicherlich auch so getan, denn das war die übliche Wundbehandlung. Doch sehr schnell kam der ›studierte Feldscher‹ zur Einsicht, daß es bessere Mittel gibt, Blutungen zu stoppen, als die Wundränder zu verbrennen. Er machte die Erfahrung, daß Wunden rascher und besser heilen – solange sie nicht verschmutzt und vereitert sind –, wenn man sie reinlich versorgt und ihnen keinen zusätzlichen Schaden zufügt, den Körper nicht noch mehr belastet. Er verbot seinen Gehilfen das ›Brennen‹, womit er sich verständlicherweise erneut keine Freunde schaffte.

Sein zweiter Krieg war der Aufstand des Herzogs von Geldern gegen den Kaiser in Holland. Paracelsus war im Lager der Aufständischen. Ein Jahr später befand er sich in Diensten des Königs von Dänemark Christian II., der einen Feldzug gegen die Schweden führte.

Gutbürgerlich in Salzburg

Solche kurzfristigen Anstellungen waren jeweils unterbrochen von weiteren Wanderungen, auf denen er sich seinen Unterhalt mit Heilungen verdiente. Schon in den acht Jahren seines ersten ›Vagabundendaseins‹ wuchs sein Ruhm. Nicht nur die Soldaten ließen sich von ihm behandeln, sondern auch Heerführer, und selbst Könige suchten seinen Rat. Wenn er nach den Feldzügen in einen Ort kam, war ihm sein Ruf vorausgeeilt. Die Kranken drängten sich vor seiner Unterkunft.

Um das Jahr 1524 kehrte Paracelsus zu seinem Vater nach Villach zurück. Nun wollte er sich niederlassen und eine

Arztpraxis eröffnen. Er suchte den rechten Ort – und entschloß sich für Salzburg. Im Sommer 1524 kam er dort an und richtete sich ein. Er brauchte sich keine Sorgen zu machen: Man kannte ihn längst auch hier. Die Patienten standen Schlange, die Kollegen betrachteten sein Wirken mit wachsendem Mißtrauen. Der Konflikt war vorprogrammiert. Und das Ende der ›bürgerlichen Existenz‹ kam schneller als erwartet. Der neue Arzt wohnte in der Salzburger Kumpfgasse in ›Wolfgang Büchlers Behausung‹, wie es in einem erhaltenen Schriftstück heißt.

Die Seßhaftigkeit dauerte allerdings nur die kurze Zeit von ein paar Wochen. Paracelsus bemühte sich zwar redlich, kein ›Außenseiter‹, kein Revolutionär mehr zu sein, sondern nur noch als Arzt seine reiche Erfahrung den Kranken zugute kommen zu lassen.

Doch die politischen Verhältnisse wollten es anders, sein Charakter konnte nicht anders. Im Salzburger Land rebellierten die Bauern gegen die Obrigkeit, den Fürstbischof von Salzburg. Paracelsus sympathisierte mit den Bauern. Er stellte sich zwar nicht offen auf ihre Seite, doch er pflegte und behandelte die Aufständischen. Das war bereits Landesverrat. Der Aufstand wurde niedergeschlagen, die Anführer gehenkt.

Paracelsus kam ins Gefängnis. Nach kurzer Haft verwies man ihn des Landes. Er mußte seine bescheidene Habe zurücklassen und weiterziehen. Verbittert beklagt er sich über diese Ungerechtigkeit: »Ihr behauptet, ich hätte die Bauern widerspenstig gemacht, daß sie keinen Zehnten mehr zahlen wollten und wenig oder fast gar nichts mehr von der Obrigkeit hielten. Ihr solltet aber bedenken: wären meine Reden vom Teufel inspiriert, würden sie euch folgen, nicht mir. Was ich gesagt habe, das kam vom Heiligen Geist. Also ist es im Sinne des Evangeliums.«

Solche Rechtfertigungsversuche konnten niemanden überzeugen. Paracelsus brachte allein durch seine Existenz Unruhe und Aufbegehren. Deshalb wollte man ihn nicht innerhalb der Stadtmauern dulden.

Durchs Schwabenland nach Straßburg

Er zog weiter in Richtung Westen, kam durch die Heimat seiner Väter, das Schwabenland, und nach Baden. Hier wartete schon die nächste große Enttäuschung auf ihn: Der Markgraf von Baden, Philipp I., litt an einer ruhrartigen Darmerkrankung und ließ ihn an seinen Hof kommen. Er versprach dem ›Wunderarzt‹ eine fürstliche Belohnung, wurde geheilt – und wollte von Paracelsus nichts mehr wissen. Er mußte wieder gehen, selbstverständlich ohne die Belohnung erhalten zu haben.

Paracelsus streifte weiter, diesmal durch die weltberühmten badischen Thermalkurorte. Er fertigte – das war wieder etwas ganz Neues – chemische Analysen der Heilquellen an. In sorgfältigen Arbeiten beschrieb er, welche Leiden man mit den verschiedenen Mineralwassern behandeln kann. Diese Beschreibungen besitzen auch heute noch ihre Gültigkeit.

1526, zwei Jahre nach seiner Vertreibung aus Salzburg, wagte er einen neuen Versuch, sich an einem Ort niederzulassen. Er entschied sich diesmal für Straßburg, eine Stadt, in der ein sehr toleranter Geist herrschte. Er bewarb sich um das Bürgerrecht – und bekam es tatsächlich am 5. Dezember 1526. Im Bürgerbuch findet sich der Eintrag: »Item Theophrastus von Hohenheim der arztney doctor hatt burgrecht kaufft und dient zur Lutzernen.«

Paracelsus war also ›zünftig‹ geworden. Er gehörte neben Händlern, Müllern und wenig geachteten Wundärzten der Zunft der Lutzerne an.

Damit hatte er sich, ganz seiner Art entsprechend, wieder nach unten orientiert. Er wirkte nicht dort, wo eigentlich sein Platz gewesen wäre, nicht unter den angesehenen, renommierten Ärzten mit akademischer Ausbildung, sondern in armseligster, mißachteter Umgebung. Vielleicht hatten ihm die etablierten Ärzte von vornherein den Zugang zu ihren Kreisen verwehrt, weil sie ihn und sein Können einerseits fürchteten, andererseits seiner schäbigen Kleidung und der schlechten Umgangsformen wegen verachteten. Wahrscheinlicher ist allerdings, daß der kleine Doktor selbst gar nicht zu den ›feinen Herren‹ gehören wollte. Sie wären doch nicht bereit gewesen, sich von ihm etwas sagen zu lassen oder gar seine revolutionären Methoden anzuerkennen. In der Zunft der Schmiede, der Bader, Bartschneider, der einfachen, ungebildeten Wundärzte und Chirurgen dagegen konnte er Mißstände ausräumen und seinen Erfahrungsschatz weitergeben. Hier durfte er auch seine Alchimistenküche einrichten und Arzneien erzeugen, ohne gleich als Schmutzfink oder gar als Hexer hingestellt zu werden.

Paracelsus hatte auch keine Werbung nötig. Seine Erfolge sprachen für sich, und er wurde immer berühmter, ob er nun in Straßburg eine noble Arztpraxis betrieb oder nur als Mitglied einer wenig geachteten ›Handwerkerzunft‹ tätig war. Den Namen Theophrastus von Hohenheim kannte man mittlerweile landauf, landab. An ihn erinnerte sich jeder, der die nötigen Mittel besaß, ihn kommen zu lassen, sobald er ernsthaft krank war.

Die Heilung des Basler Verlegers

So auch der Basler Drucker und Verleger Johannes Frobenius, ein Unternehmer, der im ganzen deutschsprachigen Raum bekannt war. In Basel hatte er mit seinem Verlag so etwas wie die geistige Heimat, ein Zentrum des Humanismus geschaffen. In seinem Haus verkehrten die besten Köpfe seiner Zeit wie etwa Erasmus von Rotterdam, Johannes Oekolampadus, Wolfgang Lachner.

Frobenius befand sich im Jahr 1527 in einer verzweifelten Situation. Er hatte ein ›Raucherbein‹. Es sah bereits schwarz, abgestorben aus. Die namhaften Professoren der Universität Basel sahen als einzige Möglichkeit, sein Leben zu retten, die Amputation des Beines. Sie rieten dringend dazu.

In diesem Augenblick schickte Johannes Frobenius seinen Diener nach Straßburg. Er sollte Paracelsus nach Basel holen. Von ihm hatte der Verleger so viel Erstaunliches und Wunderbares gehört, daß er diese letzte Chance nutzen wollte.

Universitätslehrer und Studenten, Holzschnitt 1497

Paracelsus kam – und heilte den Verleger in knapp vier Wochen. Ohne jeden chirurgischen Eingriff. Einfach nur mit Medikamenten. In Basel verbreitete sich die Kunde von dieser ›Wunderheilung‹ wie ein Lauffeuer. Im Rat der Stadt wurden Stimmen laut: »Laßt uns doch diesen tüchtigen Medicus nach Basel holen.« Die Mediziner der Universität waren zwar strikt dagegen. Doch es gab eine Möglichkeit, sie erst gar nicht zu fragen: In Basel war die Stelle des Stadtarztes frei. Das war der Posten eines vom Rat der Stadt eingesetzten und fest angestellten Mediziners, der dafür zu sorgen hatte, daß in der Stadt keine Seuchen ausbrachen. Er mußte gleichzeitig die Apotheken überwachen und besaß das Recht, an der Universität Vorlesungen zu halten.

Lehrer einer neuen Medizin

Die Basler Ratsherren entschieden, Paracelsus sollte dieses Amt übernehmen. So kam es zu der ersten und einzigen offiziellen Anstellung und Lehrtätigkeit im Leben des Paracelsus. Endlich war er da, wohin er schon immer gestrebt hatte: Er durfte den künftigen Medizinern seine Vorstellung von einer modernen Heilkunst darlegen und hatte die Möglichkeit, Studenten praktisch in die Medizin einzuweisen.

Das konnte nicht gutgehen. In Scharen wechselten die Medizinstudenten von ihren bisherigen Professoren zu Paracelsus über. Und der ›stieg voll ein‹. Er verfaßte ein Flugblatt mit seinem Programm, eine Kampfansage an die Lehrer der ›alten Schule‹. Wie Martin Luther ließ er es am Portal der Universität anschlagen und unter den Studenten verteilen.

In dieser Schrift heißt es: »Theophrastus Bombast von Hohenheim aus Einsiedeln, beider Medizin Doktor und Professor, grüßt die Studierenden der Medizin. Da allein die Medizin als einzige aller Disziplinen wie ein Gottesgeschenk als Notwendigkeit ausgezeichnet wird – das sagen sowohl heilige als auch profane Autoren – und weil es nur wenige Doktoren gibt, die sie heute segensreich ausüben, scheint es geboten, sie in ihren ursprünglichen, lobenswerten Zustand zurückzuführen und sie von den schwersten Irrtümern zu reinigen. Dabei sind wir nicht mehr den Regeln der Alten zugetan, sondern ausschließlich denjenigen, die wir aus der Natur der Dinge und aus eigenen Erwägungen gewonnen und in langer Übung und Erfahrung bewährt gefunden haben. Wer sollte nicht wissen, daß die meisten Ärzte heutzutage zum größten Schaden der Kranken in übelster Weise danebengreifen, weil sie allzu sklavisch am Wort des Hippokrates, des Galenus und Avicenna und anderer kleben? Als ob diese wie Orakel des Apoll aus dem Dreifuß herausklängen, von deren Wortlaut man auch nicht um Fingers Breite abrücken dürfte! Wenn es Gott gefällt, kann man auf diesem Weg zu schillernden Doktorentiteln kommen. Man wird aber niemals ein wahrer Arzt. Nicht Titel und Beredsamkeit sind das Rüstzeug eines Arztes, sondern die tiefste Kenntnis der Natur und der Naturgeheimnisse. Das allein wiegt alles andere auf. Aufgabe eines Arztes ist es, die verschiedenen Krankheitsformen zu erkennen, ihre Ursachen und Symptome zu durchschauen und obendrein mit Scharfsinn und Beharrlichkeit Arzneimittel zu verordnen und nach Umständen und Möglichkeiten tunlichst allen Kranken heilsam zu helfen.

Um in meine eigene Lehrmethode einzuführen, werde ich täglich in zwei Stunden praktischer und theoretischer Heilkunde Lehrbücher sowohl der inneren Medizin wie der Chirurgie erklären, deren Verfasser ich selbst bin. Ich will das tun mit höchstem Fleiß, öffentlich und zum hohen Nutzen der Hörer. Diese Lehrbücher sind nicht etwa von Hippokrates und Galenus oder einem anderen abgeschrieben und zusammengebettelt, sondern vermitteln das, was mich die höchste Lehrerin, nämlich Erfahrung und eigene Arbeit gelehrt haben. Demnach dienen mir als Beweishelfer Erfahrung und eigene Erwägung, statt der Berufung auf Autoritäten.

Also, bester Leser, wenn jemanden die Geheimnisse dieser apollinischen Kunst locken und Liebe und Verlangen ihn beherrschen, wenn er wünscht, in recht kurzer Zeit zu lernen, was zu dieser Disziplin gehört, dann möge er sich sofort zu uns nach Basel auf den Weg machen. Er wird Größeres und noch ganz anderes hier erfahren als das, was ich hier in Kürze anführen kann. Um den Schleier nur etwas zu lüften, kann ich ihm verraten, daß von Komplexionen und Kardinalsäften im Stil der Alten bei mir nicht die Rede sein wird. Es ist nämlich falsch, aus ihnen alle Krankheiten abzuleiten. Die Ärzte heute begehen einen schweren Fehler, wenn sie alle Krankheiten, Krankheitsursachen, kritischen Tage und dergleichen mehr daraus erklären. Soviel, gleichsam wie eine Fangleine ausgelegt, möge genügen. Urteilen dürft ihr erst, wenn ihr den Theophrastus gehört habt. Lebt wohl und nehmt unseren Erneuerungsversuch der Heilkunst günstig auf. Basel, am 5. Juni 1527.«

Diesen Text könnte man als die Gründungsurkunde der modernen Medizin bezeichnen. Paracelsus hat ihn lateinisch verfaßt. Er wollte also damit nicht nur Studenten anlocken, er warf gleichzeitig den Professoren, die ihn als Kollegen ablehnten, den Fehdehandschuh hin: »Was ihr lehrt, ist falsch, überholt, unwissenschaftlich.«

»Das Beste für dich wäre ein Strick...«

Und sie nahmen den Fehdehandschuh auf. Mit allen Mitteln versuchten sie, Paracelsus von der Universität zu vertreiben. Erst verlangten sie von ihm eine Habilitationsprüfung. Paracelsus wußte nur zu gut, daß er keine Chance haben würde, vor dem Urteil seiner Gegner, die ihn so sehr haßten, auch nur einigermaßen zu bestehen. Deshalb lehnte er ab.

Damit wurde ihm das Recht verweigert, Studenten zum Doktor der Medizin zu promovieren. Seine Kollegen versuchten sogar, ihm den Zutritt zur Universität überhaupt zu verwehren. Paracelsus wandte sich an den Rat der Stadt und pochte auf sein verbrieftes Recht. Noch hatte er die Ratsherren auf seiner Seite.

Doch das sollte sich schlagartig ändern. Wenige Monate nach der spektakulären Verbrennung der alten medizinischen Lehrbücher vor den Stadtmauern von Basel, im Oktober 1528, erlitt sein großer Gönner, Johannes Frobenius, einen Schlaganfall und verstarb. Paracelsus weilte zu diesem Zeitpunkt gerade in Zürich. Als er davon hörte, ahnte er das drohende Unheil. Er schrieb an Freunde: »Hier in Basel habe ich meinen treuesten Freund verloren. Im besten Wohlsein hatte ich ihn zurückgelassen, als ich frohgemut zu euch nach Zürich kam. Seid wachsam gegenüber dem unvorhersehbaren Tod...«

Der Tod des Verlegers gab den Gegnern des Basler Stadtarztes Auftrieb. »Er hatte ihn also doch nicht geheilt. Alles war nur Lug und Trug, ein falscher Zauber.« So höhnten die Medizinprofessoren, und so argwöhnten auch die Leute, die bisher Paracelsus geschätzt und verehrt hatten.

Und die Gegner gingen zum Sturmangriff gegen Paracelsus vor. An das Schwarze Brett in der Universität, an Kirchentüren und sonstige Plätze, die ins Auge fielen, hefteten sie einen Spottvers auf den kleinen Doktor, der von Haß und Bosheit nur so triefte:

»... Verrecken will ich, wenn Du würdig bist, dem Hippokrates auch nur das Nachtgeschirr nachzutragen oder meine Schweine zu hüten, Du Taugenichts! Was schmückst Du Rabe Dich mit gestohlenen Federn! Deine Redseligkeit hat kurze Beine.

Was willst Du denn in Deinen Vorlesungen sagen? Du lebst doch nur von gestohlenem Geistesgut. Das Beste für Dich wäre ein Strick, an dem Du Dich aufhängen kannst, nachdem Deine Windbeuteleien durchschaut sind...«

Dieser Angriff erfolgte selbstverständlich anonym. Die Unterschrift unter dem Schmähvers lautete: Aus der Unterwelt.

Paracelsus schäumte vor Wut. Er wandte sich erneut an den Rat der Stadt und verlangte eine gerichtliche Untersuchung des schmählichen Vorfalls.

Doch den hohen Herren war der Stadtarzt mit seinen ständigen Klagen längst lästig geworden. Sie wiesen seine Klage zurück und forderten den Stadtarzt auf, sich endlich mit den Professoren zu vertragen. Die Stadt hatte schließlich andere Sorgen als diesen Gelehrtenstreit.

Für Paracelsus war das zuviel. Nun steigerte er sich in seinem Zorn, in seiner Verletzung, in die Haltung hinein: entweder – oder. Die Ratsherren sollten gezwungen werden, ihn anzuhören und Partei zu ergreifen.

Deshalb folgte alsbald die dritte Klage. Diesmal verlangte Paracelsus einen Prozeß gegen den Domherrn Cornelius von Liechtenfels, der sich weigerte, die vereinbarten hundert Gulden Honorar zu bezahlen. Diese Klage konnte der Rat nicht zurückweisen. Die Verhandlung war nicht zu verhindern...

Arzt und Apotheker im 15. Jahrhundert, Holzschnitt 1497

Verjagt, verfolgt, verdammt

Im Ratssaal von Basel herrscht dicke Luft. Theophrast Bombast von Hohenheim, genannt Paracelsus, hat es gewagt, den angesehenen Domherrn Cornelius von Liechtenfels zu verklagen. Es geht um hundert Gulden. Der Prälat weigert sich, das Arzthonorar zu bezahlen, obwohl er selbst, den Tod vor Augen, diese Summe angeboten hatte und auch bereit gewesen wäre, noch sehr viel mehr für seine Rettung zu geben. Seitdem es ihm wieder gutgeht, beschimpft er den Stadtarzt ungeniert als Halsabschneider. Er meint, sechs Gulden wären genug. Nun sollen die Ratsherren diesen Streit entscheiden.

Für Paracelsus steht die Sache von Anfang an schlecht. Erst seit zwei Jahren ist er Stadtarzt von Basel. In der kurzen Zeit hat es sich der unbequeme Querkopf bereits mit allen Seiten verdorben.

Die letzten katholischen Ratsherren haben ihn sowieso niemals ausstehen können – schon allein deswegen, weil die Protestanten ihn aus Straßburg nach Basel geholt hatten. Die Evangelischen sind bitter enttäuscht, weil dieser Mann eine wahre Freude daran hat, mit seiner Grobheit jeden zu verletzen und in jedes Fettnäpfchen zu treten. Seine Arztkollegen beschimpft er öffentlich als ›viereckige Narren‹ und ›promovierte Esel‹. Die kranken Menschen hält er davon ab, in die Apotheken zu gehen. Das seien nur ›Sudelküchen‹ und ›Beschißgruben‹. Gewiß, der Stadtarzt verstand sein ›Handwerk‹. Doch er war eine Schande für den Ärztestand. Er trug keinen Talar, sondern abgewetzte, verschmutzte Bürgerkleidung. Ein unmöglicher Mensch!

»Bisher habt ihr nichts als Unruhe in unsere Stadt hineingetragen und Basel zum Gespött der ganzen Welt gemacht«, wirft ihm nun einer der Ratsherren vor. »Anstatt gelehrte Vorlesungen zu halten, natürlich in lateinischer Sprache, wie es sich gehört, schwätzt ihr vor den Studenten, wie das gewöhnliche Volk es tut. Auf deutsch! Ihr schreckt nicht einmal davor zurück, mit den Schülern in die Spitäler zu gehen und sie an die Krankenbetten zu zerren. Die Lehrbücher, seit vielen Jahrhunderten gültig, werft ihr ins Feuer. Seid ihr etwa gescheiter als alle Mediziner vor euch? Wundert ihr euch, daß man an eurer Bildung zweifelt und euch für einen aufgeblasenen Scharlatan hält?«

Paracelsus wird feuerrot vor Zorn. Wie immer in solchen Situationen beginnt er zu stottern: »Ich habe nur den alten und überholten Mist ausgeräumt. Wer Menschen heilen will, der muß die Natur beobachten und die kranken Menschen kennenlernen. Erfahrung, Beobachtung und Begabung machen den wahren Arzt aus, nicht Stubenhockerei und große Titel.«

»Lassen wir das«, fährt der Richter dazwischen. »Solche Streitereien sollen andere klären. Hier geht es um die unverschämte Forderung von hundert Gulden. Wißt ihr eigentlich, Stadtarzt, wie viele Leute ein ganzes Jahr lang schwer schuften müssen, für weniger Geld? Ihr wollt es in knapp drei Stunden redlich verdient haben? Wie könnt ihr das rechtfertigen?«

»Der Domherr ist gesund. Seht ihn euch an. Ist das nicht Grund genug?« Paracelsus stößt zornig sein viel zu großes Schwert auf den Boden.

Mit dieser Antwort ist der Richter nicht zufrieden. »Ihr habt doch gar nichts getan. Keine Operation, keine besondere Behandlung. Nicht einmal einen Aderlaß. War eure Medizin vielleicht so teuer?«

Paracelsus schüttelt den Kopf. »Ich habe dem Domherrn nur einen harmlosen Kräutersaft gegeben. Ein Mittel zur Beruhigung. Aber sagt selbst – wäre ich denn ein besserer Arzt, wenn mein Patient monatelang hätte liegen müssen, wenn ich geschnitten oder ihn mit schlimmen Giften traktiert hätte? Ich habe nichts getan. Das gebe ich gern zu. Kein Arzt kann heilen. Gesund wird nur, wer sich selber heilt. Domherr von Liechtenfels hat mir vertraut und hohe Erwartungen in meine Kunst gesetzt. Damit hat er seine Krankheit besiegt.«

Die Ratsherren sehen einander verwirrt an. Im Saal ist es mäuschenstill geworden.

»Habe ich das richtig verstanden? Ihr fordert ein Vermögen von hundert Gulden – für einen schamlosen Betrug und habt auch noch die Stirn, das offen zuzugeben?«

Paracelsus kommt nicht dazu, sich zu verteidigen. Denn jetzt gleicht der Magistrat einem Tollhaus. Alles schimpft und schreit durcheinander. Der Stadtarzt, so scheint es, hat sich in seiner eigenen Schlinge gefangen. Der Stadtbüttel wittert Arbeit. Er packt seine Hellebarde fester und geht einen Schritt auf Paracelsus zu, bereit, den ›Waldesel von Einsiedeln‹ in den Kerker zu führen.

Doch noch ist es nicht soweit. Ein junger, elegant gekleideter Mann drängt sich vor. Es ist Hieronymus Frobenius, der Sohn des verstorbenen Buchdruckers Johannes Frobenius.

»So hört doch!« ruft er mit lauter Stimme. »Ihr wißt alle, daß Paracelsus meinen Vater geheilt hat, als ihm die Ärzte das brandige Bein abschneiden wollten. Die Heilkunst dieses Mannes ist so erstaunlich, daß man ihn der Zauberei, der Magie und der Hexerei bezichtigt. Laßt ihn seine Kunst erklären.«

Paracelsus hat sich gefaßt. »Ehrenwerte Herren«, beginnt er, »was ich sagen will, ist ganz einfach. Seht – es gibt eigentlich keine Heilmittel und auch keine Heilkräfte, die man in den Körper hineinschütten könnte. Nicht die Pflanze heilt, nicht ein chemisches Pulver, nicht Hitze und auch nicht die Kälte. Heilen kann nur einer. Es ist der unfaßbare, kundige und unbegrenzt starke Heilmeister in uns. Er ist imstande, alles zu kurieren. Wenn ein Mensch krank wird, dann nur deshalb, weil der innere Heilmeister durch ein falsches Leben geschwächt und behindert wurde. Wenn ich heilen will, kann ich nichts anderes tun, als ihm zu Kräften zu verhelfen. Das ist genauso, wie wenn ich eine halberloschene Glut wieder entfachen will. Ich brauche dazu kein Feuer, sondern nur einen winzigen Funken. Ein Funke genügt doch auch, einen ganzen Wald in Brand zu versetzen.«

Jetzt ist es wieder ganz still geworden. Die Ratsherren lauschen gebannt ihrem Stadtarzt.

»Und wo findet man diesen Heilfunken?« fragt der Richter.

»Er ist überall. Er steckt in den Pflanzen, in den Steinen, im Quellwasser, in meinen Händen – ja sogar im flüchtigen Gedanken. Alles in unserer Welt ist erfüllt von diesem Funken. Deshalb kann der eine mit Pflanzen heilen, der andere, indem er seine Hand auflegt.«

Die Basler Stadtväter sehen einander ratlos an. Sie können Paracelsus ebensowenig folgen wie viele Generationen späterer Zeiten. Doch sie spüren, daß sich in diesem Augenblick etwas Ungeheuerliches abspielt: Dieser kleine, unscheinbare und doch so eindrucksvolle Mann rührt an die tiefsten Geheimnisse des Lebens und der ganzen Schöpfung. Vielleicht könnte er die Welt verändern?

Sich selbst vor die Tür gesetzt

Paracelsus hat es versucht. Doch seine Zeit befand sich so sehr in Aufbruchsstimmung, war so zerrissen und verschreckt, daß kaum jemand Zeit hatte, auf ihn zu hören und über seine Einsichten nachzudenken. Auch die Basler Ratsherren waren überfordert. So beschränkten sie sich darauf, nur über die hundert Gulden zu entscheiden, die er verlangte. Diese Summe fanden sie aber entschieden zu hoch. Paracelsus verlor den Prozeß und mußte sich obendrein verspotten lassen. Seine Gegner hatten – so sah er es – auf der ganzen Strecke gesiegt.

Der Stadtarzt fühlte sich so sehr brüskiert und im Stich gelassen, daß er zu einer tollkühnen Reaktion verleitet wurde – er verfaßte eine bitterböse Schmähschrift. Darin bezichtigte er den Magistrat der Rechtsbeugung. Die Schrift heftete er an die Rathausfassade, so daß sie jedermann sehen und lesen konnte. Damit, das mußte er wissen, hatte er sein Leben verwirkt. Auf einer solchen Beleidigung der Stadtobrigkeit stand die Todesstrafe.

In einer Basler Chronik ist der Vorgang mit folgenden Sätzen festgehalten: »Darob (wegen der Zurückweisung seiner Klage) ward Theophrastus unwillig, warff böse Karten aus und bockte mit etlichen Worten wider das Urteil, so daß er von der Obrigkeit beklagt wurde.«

Jetzt durfte er mit keinem Verständnis und keiner Nachsicht mehr rechnen. Nach nur elfmonatiger Tätigkeit hatte Paracelsus seinen Posten, seine einzige feste Anstellung und die einzige Lehrmöglichkeit seines Lebens verspielt. Noch am selben Tag mußte er aus Basel fliehen. Mitten in der Nacht wurde er unsanft aus dem Schlaf gerissen. Einer seiner letzten Freunde, der Basler Ratsherr Basilius Auerbach, stand vor seinem Bett, drückte ihm Stiefel und Kleider in die Hand und drängte: »Schnell! Sie sind schon hinter Euch her. Die Büttel befinden sich auf dem Weg hierher, um Euch in den Kerker zu werfen. Beeilt Euch, ich will Euch zur Flucht aus der Stadt verhelfen.«

Das war das jähe Ende des ›Professors‹ Theophrastus von Hohenheim. Diesmal, so muß man sagen, hatte er sich mit seinen ungezügelten Zornesausbrüchen selbst davongejagt.

Doch es wäre wohl sehr bald auch ohne Beschimpfung der Stadtväter mit seiner Lehrtätigkeit vorbei gewesen. Die Zeit war noch nicht reif für seine Ideen. Die traditionelle, etablierte Medizin saß noch zu sicher im Sattel. Vom neuen Geist von Ferrara war nördlich der Alpen noch nichts zu spüren. Selbst wenn die Ärzte seiner Zeit in der Lage gewesen wären, das, was Paracelsus sagte und lehrte, als richtig zu erkennen, wären sie nicht bereit gewesen, ihre Position aufs Spiel zu setzen und die üppig fließenden Einnahmequellen leichtfertig zu gefährden. Die Studenten des Paracelsus nahmen seine Einsichten zwar mit nach Hause, doch die wenigen Monate in Basel waren eine zu kurze Zeit gewesen, als daß sie die große Wende hätten einleiten können. Man kann sich leicht vorstellen, wie enttäuscht, wie niedergeschlagen Paracelsus am Tage seiner Flucht aus Basel vor den Trümmern seines Lebenswerkes gestanden haben muß.

Den Schriften des Paracelsus ist zu entnehmen, daß er fast verrückt geworden ist bei der Vorstellung, sein Wissen und seine Erfahrung könnten untergehen.

Zu den erschütterndsten Szenen in seinem Leben zählten die Spitalbesuche. In Nürnberg, in Regensburg, in Straßburg, in Basel – wohin er kam, überall bot sich ihm derselbe entsetzliche Anblick: In riesigen Sälen lagen die Kranken auf stinkenden, von Dreck und Unrat starrenden Laken. Einer neben dem anderen, »gepeinigt von der Henkerskunst der Ärzte«, wie Paracelsus es nannte. In ein solches Spital ließ sich mit Sicherheit keiner bringen, der noch in der Lage war, den Ärzten davonzulaufen. Hier befanden sich die Ärmsten der Armen. Der Geisteskranke neben dem Syphilitiker, der Krebskranke neben dem Pockenkranken, der halb tot Geschlagene neben dem Pestopfer.

Und alle waren sie auf gleiche Weise dick mit der weißen Quecksilbersalbe eingeschmiert. Daher kam übrigens der Name Quacksalber = Quecksilber-Salber.

Paracelsus ließ, soweit und solange er Autorität besaß, die Kranken waschen, ihre Wunden säubern. Wenn operiert werden mußte, tat er es selbst. Dem enttäuschten Bader, der ihm nur assistieren durfte, gab er das übliche Entgelt, um sich nicht seine Feindschaft zuzuziehen. Er legte Heilpflanzen auf schlecht heilende Wunden und verwendete natürliche Schmerzbetäubungsmittel. Ein riesiges Pensum.

Doch wenn er anderntags wiederkam, um die Heilfortschritte der Patienten zu kontrollieren, um neue Maßnahmen zu treffen, war alles wieder wie zuvor. Die Kranken lagen wieder da wie Schreckgespenster – von Kopf bis Fuß und zentimeterdick mit Quecksilbersalbe eingeschmiert. Auf diese Weise wurden sie aber systematisch vergiftet und deshalb von Tag zu Tag hinfälliger. Irgendeiner hatte ihnen außerdem im Aderlaß den letzten Tropfen Blut aus dem Arm oder

der Stirn gezogen. Paracelsus begann angesichts dieser Unvernunft vor Zorn und Erschütterung zu weinen: »Arme, geschundene Kreatur!«

Voller Bitterkeit sind die Vorwürfe, die er seinen Arztkollegen machte: »Christus hat erdulden müssen, daß er aus Eigennutz verkauft und verraten wurde. Was stellen die falschen Ärzte an? Sie lassen die Patienten verkrümmen und lahm werden, erwürgen und töten, damit ihr eigener Nutzen gemehrt wird.«

Das war kein Pauschalurteil. Paracelsus bildete sich nicht ein, er wäre der einzige wahre Arzt, sondern er teilte die Ärzteschaft in zwei Gruppen: »Es gibt zwei Arten von Ärzten: Die einen handeln aus Liebe, die anderen ihres Vorteils wegen. Man erkennt sie an ihren Werken. Die Gerechten handeln aus Nächstenliebe, die Ungerechten gegen das Gebot. Sie schneiden und sind wie die reißenden Wölfe. Sie schneiden, weil sie schneiden mögen und weil damit ihr Reichtum vermehrt wird. Was kümmert sie der Patient ... Die Arznei ist eine Kunst, die mit großer Gewissenhaftigkeit, reichem Wissen und weiter Erfahrung angewendet werden muß. Dazu gehört aber auch die Furcht vor Gott. Denn wer Gott nicht fürchtet, der mordet und stiehlt für und für. Wer kein Gewissen hat, besitzt auch keine Scham.«

Wohlgemerkt, das ist nicht etwa in unseren Tagen geschrieben, sondern vor rund vierhundert Jahren. Hat sich seither viel geändert?

Die Parallelen zwischen der Zeit des Paracelsus und seiner Problematik und den Konflikten in der heutigen Heilkunst drängen sich immer wieder auf.

Die ›Vier Säfte‹ der Alten

Es ist falsch zu sagen: Paracelsus bekämpfte die alte überholte Medizin. Niemals hat er alles, was vor ihm war, kurzerhand verdammt und verworfen. Sein Kampf galt falschen Methoden, die zur allgemeinen Praxis geworden waren –

und der unkritischen Übernahme überlieferter Lehrmeinungen, als handle es sich bei ihnen um Offenbarungen, an denen man nicht rütteln darf.

Paracelsus schätzte die Urväter der Medizin, Hippokrates (460 bis 377), Claudius Galenus (129 bis 210), Cornelius Aulus Celsus (etwa 25 vor bis 50 nach Chr.), Ibn Sina Avicenna (980 bis 1037) und wie sie alle heißen. Er hat sie gründlich studiert. Doch sie waren für ihn keine Evangelisten, deren Wort kritiklos hingenommen werden müßte. Paracelsus hat ihnen – in allem Respekt – auf den Zahn gefühlt. Vor allem versuchte er – so wie Luther es mit der Religion beabsichtigte – die wahre Lehre der Medizin wieder ›rein‹ zu erfassen, sie also vom Wust späterer Auslegungen und Interpretationen freizulegen – und darauf weiterzubauen: »Was nützt der Regen, der vor tausend Jahren gefallen ist? Der Regen nützt, der heute fällt. Was nützt der Sonnenlauf vor tausend Jahren dem jetzigen Jahr?«

Durch das ganze Mittelalter hindurch war die Medizin von der Theorie der ›Vier Säfte‹ des griechischen Arztes Galenus beherrscht. Der Leibarzt des römischen Kaisers Marc Aurel lehrte: Im Körper gibt es vier ›humores‹: Blut, Schleim, gelbe Galle und schwarze Galle. Gesund ist ein Mensch, solange diese vier ›Säfte‹ sich im rechten Gleichgewicht befinden, so daß es von keinem zuviel gibt und keiner die anderen merklich beeinträchtigt. Krank wird ein Mensch, wenn diese vier Säfte einander nicht mehr im Schach halten, so daß das innere Gleichgewicht gestört ist.

Man erinnert sich unwillkürlich an die chinesische Vorstellung von Yin und Yang, die beiden einander entgegengesetzten Energieströme im Körper, die etwa durch Akupunktur oder Akupressur zum Gleichgewicht, zur inneren Harmonie, zurückgeführt werden können.

Letztlich fußte die ›Vier-Säfte-Lehre‹ auf der Philosophie von den vier ›Grundbausteinen‹ der Natur, den vier Elementen Erde, Wasser, Feuer und Luft – und auf den vier Zustandsformen aller Dinge der Schöpfung: fest, flüssig, kalt oder warm.

Diesem Schema folgte nun im Prinzip jede Behandlung einer Krankheit: Was zu heiß war, mußte mit Kälte zur Harmonie zurückgeführt werden. Zu große Feuchtigkeit galt es auszutrocknen, Trockenheit anzufeuchten.

Vor diesem Hintergrund entstand beispielsweise der Aderlaß. Der Arzt nahm dem Patienten nicht gerade geringe Mengen Blut ab, sobald der Verdacht bestand, zuviel und zu dickes Blut könnte die Ursache der Krankheit sein. Bei reichen, dickleibigen Patienten konnte das durchaus richtig sein. Ihr Blut war in der Tat in aller Regel zu dick, zu sehr überladen mit Giftstoffen, der Blutdruck zu hoch. Der Körper wurde außerdem durch den Aderlaß zur verstärkten Bildung gesunden Blutes angeregt. Aus diesen Gründen ist man heute mancherorts zum Aderlaß zurückgekehrt.

Wenn heute Fieberkranken kalte Umschläge auf die Stirn gelegt werden, ist das ebenfalls noch ein Überbleibsel der alten Medizinvorstellung.

Auch die Bezeichnung Melancholie = schwarze Galle für depressive Erkrankungen war im Grunde richtig, wie heute mehr und mehr eingesehen wird. Seelische Verstimmungen, sogenannte endogene Depressionen, brauchen tatsächlich keinen äußeren Anlaß, sondern sie sind das Ergebnis einer körperlichen Störung.

Noch zur Zeit des Paracelsus hatte ein Medizinstudent in erster Linie auswendig zu lernen, welche Krankheiten ›heiß‹, welche ›kalt‹, welche ›naß‹ und welche ›trocken‹ sind. Dazu gehörte dann der Katalog der Heilmittel und Methoden, die eine entgegengesetzte Wirkung besaßen. Dem Quecksilber als Heilmittel wurde nicht zuletzt deshalb eine so große Bedeutung zugemessen, weil es das einzige flüssige Metall war.

Die fünf Krankheitsursachen

Paracelsus hat sich über diese Art der Heilkunst lustig gemacht: »Die Alten glaubten, alle Krankheiten kämen von den vier Säften. Sie meinten damit die vier Elemente, vergaßen aber den Samen, aus dem die Krankheiten wachsen. Die

Ärztliche Konsultation bei einem Wassersüchtigen, Holzschnitt von Hans Burgkmair, 1536

Elemente geben nichts, sie empfangen nur, wie ein Apfelbaum aus dem Boden wächst – aber nur dann, wenn der Same dazu vorhanden ist. Die Elemente sind also nicht die Ursache, sondern das Mittel.

Das bedeutet aber, man muß die Krankheiten aus ihrem eigenen Samen und Ursprung erkennen. Es handelt sich nicht um die Beseitigung des Bodens, in dem die Krankheit wächst, sondern um die Beseitigung der Krankheitsursache. In keinem Fall soll der Leib der ihm nötigen Elemente beraubt werden. Ein Weinstock wächst aus dem sichtbaren Samen. Aus dem Weinstock wachsen die Trauben. Aus ihnen wird der Wein. So hat jedes Ding seinen Samen. Und jede Ursache ist das Produkt einer noch tiefer liegenden Ursache.

Den Samen, aus dem der Wein wächst, sieht man nicht. Der Same, aus dem das Holz wächst, ist sichtbar. Beide sind aber ungeschieden wie Leib und Seele. Und so haben auch die Krankheiten zweierlei Samen: Entweder sind sie schon von Anfang an da, oder sie sind durch Verderbnis entstanden. Jedes Rezept, das nicht gegen den Samen der Krankheit gerichtet ist, taugt nicht viel... Ihr wollt das Feuer hinwegnehmen und mit Kälte überwinden. Jene, die sich für Ärzte halten, pflegen drei Pfund Kälte gegen drei Pfund Hitze zu setzen oder fünf Pfund Nässe gegen vier Pfund Trockenheit. Das ist doch gerade so, als wollte einer einen brennenden Holzstoß mit winterlicher Kälte zum Gefrieren bringen...«

Man könnte diese Sätze modern etwa so ausdrücken: Jede Krebserkrankung, um nur ein Beispiel zu nennen, hat eine tiefere Ursache. Es kann deshalb keineswegs genügen, den Tumor wegzuschneiden, ihn zu verbrennen, mit chemischen Zellgiften bis zur letzten möglichen Metastase zu zerstören. Wenn die Ursache, die zum Krebswachstum geführt hat, nicht beseitigt wird, wenn der Fehler im Körper nicht behoben ist, der das Heranwachsen des Tumors erst ermöglicht hat, wird der Krebs erneut, möglicherweise an anderer Stelle heranwachsen.

Paracelsus hat schon vor Jahrhunderten – und sehr eindringlich immer wieder speziell darauf hingewiesen. Das war eine seiner vielen Pionierleistungen – und einer der Punkte, die bis heute so gründlich mißverstanden und deshalb von der Schulmedizin nicht übernommen wurden.

Aber wo sah Paracelsus nun die eigentlichen Ursachen der Krankheiten, die ›Samen‹, aus denen alle Leiden wachsen?

Zu seiner Zeit wußte man noch nichts von Viren und Bakterien und Pilzen. Und doch gab Paracelsus eine Antwort, die verblüffend richtig ist. »Für alles Dasein gibt es nur eine einzige Quelle«, so schrieb er, »eine einzige Urkraft, aus der alle Kräfte entspringen. Wenn wir aus wahrem christlichen Geist, das heißt vom Standpunkt der Gotteserkenntnis, die Krankheitsursachen beschreiben wollten, müßten wir feststellen: Es gibt nur eine einzige Ursache, nämlich den Ungehorsam gegen die göttlichen Naturgesetze. Da aber unser Geist das unteilbare Ewige nicht in Begriffe fassen kann, müssen wir in ›heidnischem Stil‹ schreiben, das heißt, wir müssen die verschiedenen Formen der Einheit als Glieder dieser Einheit betrachten. Wenn wir das tun, finden wir fünf verschiedene Entia, das heißt also Ursachen, aus denen alle Krankheiten entstehen.«

Paracelsus erklärt diese fünf Ursachen:

Das ens astrale – darunter verstand er nicht etwa, wie immer wieder falsch gedeutet – astrologische Schicksalsfügungen im Sinne einer verhängnisvollen Konstellation in der Geburtsminute, sondern die Umwelteinflüsse ganz allgemein, vom Wetter und Klima, von den landschaftlichen Eigenheiten bis hin zu biorhythmischen Voraussetzungen, die mit den großen kosmischen Rhythmen im Einklang stehen müssen. Gesund ist nur, was sich in die Zyklen der Natur einfügt und mit der ganzen Schöpfung in Harmonie lebt. Darauf wird später ausführlicher eingegangen werden.

Das ens venale – Verunreinigungen und Vergiftungen als Krankheitsursache Nummer zwei. In Bergwerken vor allem hat Paracelsus schon typische ›Berufskrankheiten‹ kennengelernt, etwa Blei- und Arsenikvergiftungen.

Das ens naturale – konstitutionelle Voraussetzungen für Krankheiten. Wir würden heute von Erbschäden und anlagebedingten Voraussetzungen für Leiden sprechen, wie sie etwa bei Diabetes, Allergien, aber auch bei einem angeborenen Herzfehler gegeben sein können.

Das ens spirituale – geistiges Fehlverhalten, eine falsche Einstellung zum Leben, übertriebene Angst und übermäßige Sorgen als Krankheitsursache.

Schließlich *das ens deale* – schicksalhafte Fügungen, dem Menschen von Gott als Prüfung geschickt – aber auch Ungehorsam gegen den Schöpfungswillen Gottes als Krankheitsursache.

Krankheit als Strafe und Prüfung

Damit sind in der Tat vor vierhundertfünfzig Jahren Gesundheit und Krankheit völlig neu verstanden worden. So neu, daß die Welt gezwungen wurde, vollkommen umzudenken. Weithin ist das bis heute nicht gelungen.

Vor Paracelsus galt ganz allgemein: Krankheit ist Strafe oder Prüfung, von Gott geschickt. Wenn jemand krank wurde, dann hatte sich Gott ganz persönlich eingemischt – wie ein strenger Vater, der die Rute hinter dem Ofen hervorholt. Der Kranke hatte gesündigt – oder der Schöpfer wollte ihn, wie Hiob im Alten Testament, auf die Probe stellen, um zu sehen, ob die Kreatur auch in bitteren und schweren Stunden zu ihm hält. Die großen Seuchen wurden entsprechend als Strafgericht über Völker und Nationen verstanden.

Bei solchen Vorstellungen hatte es ein Arzt recht leicht gegenüber seinem Patienten. Er konnte sich darauf berufen: »Du mußt diese Prüfung auf dich nehmen. Du mußt zeigen, daß du ein Gotteskind bist. Ich versuche alles, um dir zu helfen, damit du bald wieder gesund bist. Aber du weißt ja – letztlich hängt alles vom Willen Gottes ab. Wenn er beschlossen hat, daß dein Leid länger dauern soll, dann bin ich machtlos.«

Gab es jemals eine vortrefflichere Ausrede für das eigene Versagen? Wird sie nicht da und dort auch heute noch benutzt? Ist es nicht durchaus logisch und verständlich, daß Millionen Menschen – und das wiederum bis in unsere Tage

– die Rettung von ihrer Krankheit nicht von der Medizin, sondern von einem heiligen Fürsprecher, vornehmlich von der Gnadenmutter im Wallfahrtsort, erwarten?

Noch weithin wird die Krankheit – zumindest unbewußt – als Prüfung und als Strafe verstanden, die man geduldig hinzunehmen hat. Man kann den Schöpfer nur bitten, die schlimme Zeit abzukürzen.

Und was heißt ›angesteckt‹?

Nimmt man allerdings ernst, was Paracelsus gesagt hat, dann ist eine andere und ebenso weitverbreitete Vorstellung genauso falsch. Wenn wir einen Schnupfen oder Halsschmerzen bekommen, dann sagen wir: »Ich habe mich angesteckt.« Das klingt so, als wären wir auf einem Spaziergang durch frische, saubere Luft plötzlich in einen Bienenschwarm geraten, der wild auf uns eingestochen hat. Pech! Warum mußte es ausgerechnet mich erwischen?

Tatsache ist doch, daß Krankheitserreger in hohen Zahlen ständig zugegen sind, ob nun ein Kranker neben mir niest und hustet oder ob ich mich einsam in verlassener Gegend, kilometerweit entfernt von anderen Menschen, aufhalte. Sicher vor Bakterien und Viren und Pilzen bin ich nirgendwo, solange ich auf der Erde bin. Sie sind nicht nur ständig um mich herum, sondern auch immer in mir. Letztlich bin ich sogar auf sie angewiesen, weil der menschliche Körper seit Jahrmillionen eine vertraute Symbiose mit diesen Mikroorganismen eingegangen ist und ohne sie wohl gar nicht zu dem hätte werden können, was er wurde. Ohne sie gäbe es kein gesundes Leben. Sie helfen bei der Verdauung. Sie verteidigen mich gegen Gefahren von außen – solange das ›Biosystem‹ in meinen Luftwegen, in der Speiseröhre und im Darm, in Ohren- und Augenkanälen und in den zahllosen Poren der Haut in harmonischer Ausgewogenheit ›gesund‹ ist.

Statt der verlogenen Behauptung »Ich habe mich angesteckt« müßten wir ehrlich zugeben:

»Ich bin in innere Unordnung geraten, so daß es in meinem Körper zu einer ›Innenwelt-Katastrophe‹ kommen konnte.«

Ungehorsam – das heißt Mißbrauch der Natur

Paracelsus sprach von der einen und eigentlichen Krankheitsursache – dem Ungehorsam gegenüber dem Gesetz. Darunter verstand er allerdings nicht die Übertretung eines Gebotes im traditionellen Sinn. Er wollte damit keineswegs sagen: Wer am Sonntag zu faul ist, in die Kirche zu gehen, und wer sich zur körperlichen Liebe hinreißen läßt, obwohl er noch nicht verheiratet ist, der wird krank. Eben diese Denkweise lehnte Paracelsus entschieden ab.

Das Gesetz war für ihn der Auftrag des Schöpfers, natürlich angelegt in jedem Geschöpf und harmonisch eingepaßt in den Gesamtrahmen der ganzen Schöpfung. Unter Sünde verstand er dementsprechend jede Unnatürlichkeit, jedes Abweichen von der eigentlichen Bestimmung und jeden Mißbrauch der eigenen Anlagen oder der anvertrauten Schöpfung. Krank wird seiner Meinung nach, wer gegen seine eigene Überzeugung handelt, wer sich selbst nicht voller Freude akzeptieren kann und mit seinen Mitmenschen und letztlich mit Gott selbst nicht zurechtkommt.

Die Ursache für die Krankheit liegt damit nicht mehr im persönlichen Eingreifen Gottes, sondern in der seelischen, geistigen Haltung des Menschen selbst. Und dort – nur dort – findet sich auch die Kraft zur Gesundung.

Paracelsus wußte – wie übrigens schon viele Ärzte vor ihm, ohne daß sie allerdings die richtigen Schlußfolgerungen daraus gezogen hätten –, daß Krankheiten in aller Regel ganz bestimmten Rhythmen unterworfen sind. Ein grippaler Infekt, so sagt man heute scherzhaft, aber richtig, dauert unbehandelt acht Tage, bei der Einnahme von Medikamenten eine Woche.

Das heißt, der Körper braucht bei sogenannten Erkältungskrankheiten, wie auch bei vielen schwereren Erkrankungen, eine ganz bestimmte Zeit, bis er diese überwunden hat.

Schon bei den alten Ägyptern galt das strenge Gesetz, dessen Nichteinhaltung mit der Todesstrafe bedroht war: kein Medikament vor dem vierten Tag einer Erkrankung. Am vierten Tag nämlich ist die erste leichte Besserung feststellbar – oder es wird deutlich, daß es sich um eine schlimmere Krankheit handelt, mit der der Körper in seiner gegenwärtigen Verfassung nicht fertig wird.

Paracelsus hat es so ausgedrückt: »Angenommen, ein Patient leidet an einem Fieber, das normalerweise und ohne Behandlung zwölf Wochen lang dauert, ehe es überwunden ist. Angenommen zudem, dieser Patient wünscht eine Arznei, die dieses Fieber vor seinem Termin vertreibt. Er kann an zweierlei Ärzte geraten, an den falschen und an den rechten.

Der falsche handelt so: Er beginnt langsam und gemächlich mit seiner Therapie, vertreibt viel Zeit mit Säften, mit Abführmitteln, Reinigungsmitteln, mit Hafermüslein, mit Gerste, Kürbissen und Zitrusfrüchten und anderem derartigen Geschmeiß. Er weiß selbst nicht, womit er umgeht. Doch die Zeit arbeitet ja für ihn. Die zwölf Wochen sind ja bald um. Dann kann er sich seines Erfolges rühmen, der ihm gar nicht zukommt.

Der rechte Arzt weiß um den natürlichen Ablauf der Krankheit. Er unterteilt die zwölf Wochen von vornherein in zwölf Teile und behandelt jede Phase ihrer Art entsprechend. Er lindert und kräftigt den Körper, ohne sich das Verdienst der Heilung zuzuschreiben...«

Archeus, die Lebenskraft – Arkanum, die Seele

Die eigentliche tragende Rolle bei jeder Heilung, so lehrt Paracelsus, kommt einem dynamischen Lebensprinzip zu, das jedem Organismus innewohnt. Er nennt diese Kraft zur Erhaltung der Gesundheit und zu ihrer Wiederherstellung, wenn sie geschädigt wurde, Archeus. Ein starker Archeus ist wie eine kräftige Flamme. Der Mensch wird gesundheitlich anfällig, wenn dieses Feuer zum kläglichen Flämmchen geworden ist. Aufgabe jeder Arznei muß es sein, die Flamme wieder zum Lodern zu bringen, den Archeus stark zu machen. In den meisten Fällen ist dazu nur ein winziger Funke nötig. Das Streichholz, mit dem man einen ganzen Wald in Brand stecken kann. Den winzigen Funken aber findet man im Arkanum, in der ›Seele‹ der Mineralien, der Metalle, der Pflanzen, in der ›Seele‹ des Wortes oder der Gefühlsregung. Gewiß, jeder auch noch so flüchtigen Äußerung sprach Paracelsus eine Wesenheit zu, der ein gutes oder schädliches Arkanum innewohnt – je nachdem, ob es von Liebe oder Haß geprägt war. Deshalb konnte er auch kein reiner Pflanzendoktor oder Naturheiler sein und auch kein Alchimist, beschränkt auf die Kraft chemischer Substanzen, weder ein Internist, der nichts von psychischen Einflüssen auf die Körperfunktionen verstand, noch ein Psychiater, der alles von seelischen Konflikten her zu lösen versuchte. Paracelsus war der Arzt, der das Arkanum überall suchte und den Patienten von allen Seiten her anzubieten versuchte.

Die fünf Hauptwege der Heilung

So gab es für ihn, entsprechend der fünf ›entia‹ der Krankheitsursachen, auch fünf Hauptwege der Heilung:

Den natürlichen Weg – darunter verstand er die Anwendung der Naturkräfte im weitesten Sinn: Wärme- und Kältereiz, Klimakur, gesunde Lebensmittel, Heilkräuter.

Den spezifischen Weg – das war für Paracelsus die Anwendung eines aus der Erprobung hervorgegangenen Heilmittels gegen eine ganz bestimmte Krankheit, also das Schmerzmittel gegen Kopfschmerzen, das Abführmittel gegen Verstopfung, das Kreislaufmittel gegen Kreislaufstörungen und so weiter.

Den ›charakteralen‹ Weg – damit meint der die Heilung durch suggestive Beeinflussung, durch Vertrauen und Glauben an den ›Charakter‹, also an die Persönlichkeit und Tüchtigkeit des Arztes: »Kraft ihrer Charakterstärke heilen solche Ärzte alle Krankheiten. Das ist, als ob man einem befiehlt: Geh! – und er geht. Die Heilung geschieht über das

Wort. Der ›Entdecker‹ dieser Methode war das Universalgenie Albertus Magnus...«

Den geistigen Weg – womit Geistheilungen angesprochen sind, die Hinführung des Patienten zu einer positiven Einstellung, die Heilung durch Gedankenkraft, durch Segenswünsche, durch eine geistige Verbindung mit Gleichgesinnten. Auch magische Kräfte bezieht Paracelsus in diese Form der Heilung mit ein: »Diese Ärzte vermögen den Geistern der Kräuter und Wurzeln zu gebieten und sie zu bezwingen, wie etwa Hippokrates das konnte...«

Den Glaubensweg – damit ist die ›Wunderheilung‹ gemeint, wie sie Jesus und seine Apostel vollbrachten: »Wer der Wahrheit glaubt, wird gesund...« Wir würden heute in diesem Fall wohl von der Autosuggestion sprechen.

Die moderne Medizin feiert Paracelsus als den Begründer wissenschaftlich exakter Heilkunst. Doch es bleibt unübersehbar, daß sie aus der Fülle der angebotenen Heilmöglichkeiten nur eine einzige herausgegriffen hat – den Weg der spezifischen Heilung. Alles andere blieb bis in unsere Tage Außenseitermedizin. Wie weit war Paracelsus der Medizin unserer Tage voraus! Erst ganz allmählich beginnen wir einzusehen – jetzt, da die spezifische Medizin an ihre Grenzen gestoßen ist und nicht mehr so recht weiter weiß –, daß Heilung mehr ist als die Besiegung eines Virus, mehr als das Wegschneiden eines Tumors, mehr als die medikamentöse Senkung des Blutdrucks.

Die spezifische Medizin als einzige und wahre Heilkunst ist in den letzten drei Jahrhunderten, die nichts von Seelenkräften und geistigen Ursachen wissen wollte, in die Sackgasse geraten und schließlich zum perfekten ›Pannendienst‹ abgesunken, weil die Ärzte nicht mehr wahrhaben wollten, daß sie mit einer meisterlichen Chirurgie und der gekonnten Anwendung hervorragender Medikamente allein letztlich nicht heilen können – solange sie nicht zugleich den ›Archeus‹ im Organismus stärken, der allein die Heilung bewerkstelligen kann.

Paracelsus hat seine Arztkollegen oft und deftig als ›Henker, schlimmer als alle Krankheiten‹ beschimpft. Er hat ihnen vorgeworfen, daß sie ›üble Blutabzapfer‹ und ›Urinschnüffler‹ sind. Damit hat er sich aber nicht gegen den Aderlaß ausgesprochen oder die Diagnose aus Blut und Urin verurteilt. Er ärgerte sich nur darüber, daß diese Maßnahmen die ganze ärztliche Kunst ausmachten, so daß nicht mehr geschah.

Tatsächlich, das kann man alten Berichten und Darstellungen entnehmen, gab es im Mittelalter Ärzte – und Paracelsus stand ganz in deren Tradition –, die wahre Meister im Riechen, im Sehen und im Ertasten waren. Wenn sie in ein Krankenzimmer kamen, fanden sie im typischen Geruch, der im Raum lag, bereits erste Hinweise auf die Krankheit. Aus dem Atem des Kranken, aus seiner Hautfarbe, aus Puls und Heftigkeit des Atmens konnten sie weitere Rückschlüsse ziehen. Schließlich schütteten sie etwas Blut in ein Reagenzglas, schüttelten es, hielten es gegen das Licht und schnüffelten daran. Dasselbe wiederholten sie schließlich mit dem Urin.

Wie einfach, man könnte auch sagen, wie armselig, ist demgegenüber eine heutige ärztliche Untersuchung: Pulsmessen, Abhören des Brustkorbes, ein Blick in den Rachen, Fiebermessen.

Paracelsus war das, was seine Kollegen taten, viel zuwenig. Was hätte er wohl heute den Ärzten vorzuwerfen?

Vagabund und Schriftsteller

Den Stadtbütteln von Basel, die ihn festnehmen wollten, ist Paracelsus im Oktober 1528 nur knapp entkommen. Mit einem falschen Paß und dick vermummt konnte er das Spalentor passieren – wenige Minuten, bevor die Häscher dort eintrafen. Wenige Stunden später befand sich der tief enttäuschte, zutiefst verletzte Arzt nach scharfem Ritt in Colmar in Sicherheit. Von einem Kollegen, dem Arzt Lorenz Fries, wird er aufgenommen.

Rechnete Theophrast von Hohenheim damit, daß man ihn nach Basel zurückrufen würde? Einen Funken Hoffnung zumindest scheint er gehabt zu haben. Das könnte man aus zwei Briefen schließen, die er gezielt an einen befreundeten Professor der Rechte, Bonifatius Amerbach, in Basel schrieb. In diesen Briefen versuchte er sein Handeln zu rechtfertigen und sich – auf seine Weise – zu entschuldigen.

»Alles, was mir Basel und seine Bewohner versprochen haben, ist nachprüfbar. Fast alles wurde mir rundweg vorenthalten. Man hat mich so niederträchtig geschmäht und derart mißachtet, daß es unehrenhaft gewesen wäre, dies auch nur eine Zeitlang zu ertragen, ohne ihm entgegenzutreten.

Es mag ja sein, daß ich einiges allzu offen gegen den Magistrat und gegen andere ausgesprochen habe. Doch kann man mir das zum Vorwurf machen, solange ich alles, was ich sagte, als Tatsachen beweisen kann?

Bleibt mir zuletzt doch nur die bittere Erfahrung: Wahrheit trägt Haß ein. So ist es gekommen, daß der Magistrat, von Haß und Zorn und Mißgunst getrieben, den Beschluß faßte, man möge mich festnehmen und nach Herzenslust mit mir verfahren. Wäre ich nur eine halbe Stunde länger geblieben, wäre es auch geschehen. Es läßt sich mit Worten nicht ausdrücken, wie sehr mich das im Herzen quält.

Glücklicherweise konnte ich dem bösen Schicksal entfliehen. Ich fand Sicherheit und Ruhe in Colmar...«

Sicherheit bot ihm Colmar fürs erste, Ruhe ganz bestimmt nicht. Denn jetzt und in dieser oberrheinischen Stadt begann für ihn die zweite, rastlose Wanderschaft durch die Länder Europas.

Paracelsus war erst sechsunddreißig Jahre alt. Er hatte nur noch dreizehn Jahre vor sich. Dreizehn Vagabundenjahre, die alles andere, nur keine Ruhe brachten. Keinen Ort, an dem er sich auch nur für wenige Wochen einmal hätte zu Hause fühlen können. Er muß geahnt haben, daß ihm nicht mehr viel Zeit und kein Raum für ein Gelehrtendasein gegeben sein würden. Denn wie in Panik, gehetzt, als wäre

CXLVIII Ander Theil / der
Ander Trattat Doctoris Paracelsi / vom vrsprung aller offnen schäden.

Das erste Capitel.

Von zweyen wegen oder mitteln / auß denen ein jeglicher Artzt lernet. Der ein ist gerecht / der ander vnrecht / also auch zweyerley Artzet gefunden werden.

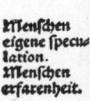

Menschen eigene Speculation.
Menschen erfarenheit.

ES seind zwen weg / auß denen alle künst entspringen / wiewol der eine die künst falsch fürleget / der ander aber gerecht. Der die künste falsch darleget / sind die menschliche sinn vnnd eigene fürgenommene fantasey / in welcher der mensch speculiert / vñ also auß jm selbs ein gerümps herfür bringet / vnd doch an jhm selbs nichts ist. Der ander weg ist dz der mensch auß der erfarenheit vnd gegenwurff der natur augenscheinlich vnnd greiflich sein lehr nimpt / vnd auß dem so vor augen die erfarenheit gibt / verbringt er sein sachen. Also wirdt der ein auß jm selber gelehrt / der ander auß dem gegenwurff der erfarenheit / in solchen zweyen wegen werden beschriben die bücher der Philosophey / der Artzney vnd Astronomey / vnd ander mehr / Auß dem dañ volger das falsch vnd gerecht in der Philosophey / Artzney vnd Astronomey gefunden vnd gelesen werden.

Dieweil

Drei Bücher von Wunden und Schäden, Frankfurt 1563; Titelseite des 2. Buchs er besessen, ging er daran, sein Wissen festzuhalten, damit es gedruckt werden konnte.

In den Nächten mußten ihm drei Stunden Schlaf genügen. In der übrigen Zeit ›kochte‹ er Arzneien. Und während er darauf wartete, bis sie fertig waren, diktierte er seinen Schülern seine Bücher. Paracelsus schrieb meistens nicht selbst. Das sollte es später so schwierig machen, die echten Schriften von Fälschungen zu unterscheiden.

So entstanden Bruchstücke und fertige, abgeschlossene Abhandlungen ›Über die Ursachen der Krankheiten‹, ›Über die Leiden des Geistes‹, ›Über die rechte Chirurgie‹, ›Über die Kräfte des Körpers‹, ›Über die Behandlung von Wunden und offenen Schäden‹.

In allen Schriften ging er – ohne Bibliothek, ohne Nachschlagewerke – wissenschaftlich systematisch vor: Ursprung der Krankheit, erste Anzeichen des Leidens, Heilmittel, Behandlungsform, Ausheilung.

Alles kann giftig werden, je nach Dosierung

Er befaßte sich mit Giften wie Quecksilber und Arsen und gab genau erprobte Dosierungsvorschriften. Seinen Gegnern, die entweder jedes Gift strikt ablehnten oder aber der Meinung waren je mehr, desto besser, rief er erregt, aber selbstsicher die so berühmt gewordenen Sätze zu: »Gibt es denn etwas von Gott Geschaffenes, das nicht mit einer großen Gabe begnadet wäre? Das nicht dem Menschen zum Nutzen angewendet werden könnte? Wer das Gift verachtet, der weiß nicht, was im Gift ist... Gibt es überhaupt etwas, das nicht giftig wäre? Alle Dinge sind Gift – und nichts ist ohne Giftigkeit. Allein die Dosis macht, daß etwas giftig wird. Also muß man zusehen, daß man von etwas nicht zuviel und nicht zuwenig nimmt. Wer das rechte Maß trifft, der wird nicht vergiftet.«

Paracelsus wies darauf hin, daß er es verstand, hilfreichen Substanzen ihre Giftigkeit, also unerwünschte Nebenwirkungen, durch die entsprechende chemische Behandlung zu nehmen, und fuhr fort: »Ihr wißt sehr wohl, daß Quecksilber ein reines Gift ist. Die tägliche Erfahrung ist der beste Beweis dafür. Trotzdem haltet ihr daran fest, die Kranken damit einzuschmieren – stärker und dicker noch, als ein Schuster sein Leder einschmiert. Ihr räuchert mit reinem Zinnober, ihr wascht mit reinem Sublimat – und weigert euch anzuerkennen, daß damit die Patienten vergiftet werden. Ihr haltet daran fest, weil es nun mal Brauch ist und alten Regeln entspricht. Ihr habt keine Ahnung davon, wie man dem Quecksilber seine Schädlichkeit nimmt, aber ihr schmiert damit, wo sich eine Gelegenheit bietet...«

Auch solche Vorwürfe kommen einem bekannt vor. Wird nicht auch heute vielfach geschnitten und mit Röntgenstrahlen verbrannt – viel zu massiv und zur entsetzlichen Qual der Patienten –, wo keine Notwendigkeit dazu besteht? Tut man es nicht auch deshalb, weil man es einmal, vor vielen Jahrzehnten, so gelernt hat und sich auch durch wissenschaftliche Einsichten nicht vom ›alten Brauch‹ abbringen läßt? Nehmen nicht Millionen Menschen täglich unbedacht, ja gedankenlos schwerste Medikamente gegen kleinste Wehwehchen – obwohl mittlerweile eigentlich jeder wissen müßte, daß solche ›schwerste Geschütze‹ die Organe ruinieren, so daß die damit angerichtete Krankheit letztlich sehr viel schlimmer sein muß, als es die ursprünglichen Beschwerden waren?

Jubelt und singt!

Paracelsus fing noch in Colmar damit an, theologische Schriften zu verfassen. Auf den ersten Blick mutet es reichlich seltsam an. Wollte er nun auch noch, nachdem die Mediziner ihm nicht zuhörten, ein neuer Kirchenreformator werden?

Keineswegs. Schriften des Arztes über Bibeltexte waren für ihn ein ganz logischer Schritt.

Aufgewachsen im Schatten der Wallfahrtskirche von Einsiedeln und offensichtlich stark beeindruckt von den unendlich vielen Kranken, die zur Schwarzen Madonna pilgerten, um bei ihr Heilung zu erflehen, machte sich Paracelsus viele

Gedanken über die Zusammenhänge zwischen Glaube, Hoffnung und Liebe, den drei Kardinaltugenden – und der Gesundheit. Zu seiner Zeit gab es, abgesehen von den Bibelübersetzungen Martin Luthers, die für Katholiken selbstverständlich verboten waren, keine religiösen Schriften, die der gewöhnliche Sterbliche in seiner Muttersprache hätte lesen können.

Das war das eine: Paracelsus wußte, wieviel Freude und Trost ein Mensch braucht, soll er gesund heranwachsen und gesund bleiben. Denn, so betonte er wiederholt: »Die große Tür, durch die alle Krankheiten hereinspazieren, ist die Niedergeschlagenheit. Auf dem Boden der Hoffnungslosigkeit sprießen alle Übel.«

Es war deshalb kein Zufall, daß er zunächst ausgerechnet die Psalmen Davids übersetzte und kommentierte, jene Lieder grenzenlosen Selbstvertrauens und überschäumenden Jubels: »Ein neues Lied singt dem Herrn, dem Wundertäter... Entgegenjauchze alle Welt dem Herrn. Frohlocket, jubelt, singt!... Die Ströme sollen Beifall klatschen, die Berge allesamt frohlocken...«

Der zweite Beweggrund für seine religiösen Schriften: Paracelsus war ein sehr gläubiger Mensch. Das kommt beinahe in jedem Satz seiner Werke zum Ausdruck. Doch letztlich konnte er sich weder mit dem, was die katholische Kirche verkündete, noch mit der neuen Lehre Luthers voll einverstanden erklären. Beide christlichen Religionen – aber auch die schwärmerischen Sektenbewegungen seiner Zeit – waren ihm zu düster, viel zu sehr von Angst, schlechtem Gewissen und Drohungen geprägt: Wer nicht nach den Geboten lebt, wird ewig verdammt sein. Und für die Hölle nach dem Tod hatte man sich unvorstellbar schreckliche Bilder einfallen lassen, die den verschreckten Gläubigen vor Augen gehalten wurden: Stellt euch vor, da wäre ein scharfes Messer. Es reicht von der Kirchturmspitze herab zur Erde. Die Verdammten müssen hinaufsteigen – und auf dem Messer herunterrutschen. Unten kommen sie bis zum Kopf gespalten an. Die Qualen sind entsetzlich – und ohne Ende.

Denn alle müssen erneut hinaufsteigen, erneut herunterrutschen. Immer wieder. Eine Ewigkeit lang. Wenn der kleine Vogel, der seinen Schnabel alle hundert Jahre einmal an der Bergspitze wetzt, den ganzen Berg abgetragen hat, ist erst eine Sekunde dieser Ewigkeit zerronnen.

Wer mußte bei solchen Drohungen nicht verzagen, kleinmütig und – neurotisch werden? Konnte man Vertrauen fassen zum Vater im Himmel, der so viel Grausamkeit für seine Kinder parat hielt? Durfte man überhaupt wagen, unbeschwert zu leben – oder war nicht alles, was man tun wollte, bereits der erste Schritt hinein in die ewige Verderbnis? Die Erde ist das ›Tränental‹, mit Leid und Schmerzen und Verzweiflung gepflastert. Aber konnte der Lohn, der dahinterstand, überhaupt von einem einzigen erreicht werden? War die Prüfung dafür nicht viel zu schwer?

Paracelsus hielt dem entgegen: »Macht doch die Augen auf und seht euch die Welt an. Ist sie nicht ganz wundervoll eingerichtet? Hat Gott nicht alles meisterlich komponiert? Für wen? Doch für uns Menschen. Also: Sollten wir zittern und zagen vor einem Vater, der so viel Gutes beweist? Beleidigen wir Gott nicht unentwegt mit unseren Sorgen und maßlosen Ängsten?«

Den Geistlichen seiner Zeit warf er vor, sie vergäßen das erste und wichtigste Gebot, die Nächstenliebe. »Ihr nehmt es mir übel, wenn ich sage, es sei nützlicher, den Armen die Verletzungen auszuwaschen und ihre Wunden zu verbinden, als in den Metten zu stehen, die Prim, die Terz, Vesper und Complet zu plärren. Ihr sagt, ich sei unchristlich und handle deshalb wider den christlichen Glauben? Es sind die Worte Christi, die ich befolge: Du sollst speisen, tränken, kleiden. Wo steht denn etwas geschrieben von den Stundengebeten?«

Letztlich versuchte Paracelsus mit seinen theologischen Schriften aber, in der Tradition alter Scholastik, wie er sie noch in der Schule gelernt hatte, seine neue Medizin zu begründen. Davon wird allerdings noch später zu sprechen sein.

Gestolpert – über einen schwunghaften Holzhandel

Im kleinen Städtchen Colmar konnte er auf Dauer nicht bleiben. Einmal hätte er dort seinem Freund Lorenz Fries, der ihn nach der Flucht in Basel aufgenommen hatte, nur die Patienten weggenommen. Zum anderen suchte er, aus der abgelegenen Provinz herauszukommen. Er wollte wieder mitten im pulsierenden Leben stehen, dort, wo man ihn brauchte und wo es einen Drucker gab, der sich seiner Schriften annahm.

So zog er weiter über Stuttgart nach Nürnberg. Im Jahre 1529 kam er dort an – mit großer Angst von seinen Arztkollegen erwartet. Wer hätte nicht schon von Paracelsus und seinen ›Wundertaten‹ gehört? Die Auseinandersetzungen begannen augenblicklich. Die ansässigen Ärzte beschimpften den Ankömmling als ›Prahler und Scharlatan‹.

Paracelsus ging, wie es sich in Chroniken der Stadt Nürnberg nachlesen läßt, zur Offensive über. Er wandte sich an den Magistrat mit folgendem Vorschlag: »In der Bibel heißt es: An ihren Früchten werdet ihr sie erkennen. Laßt uns die Probe machen. Sie sagen, ich wäre ein Prahler. Laßt uns sehen, ob das stimmt. Gebt mir Kranke, die sie, die mich beschimpfen, nicht heilen können. Ich will an ihnen meine Kunst zeigen. Sollte ich scheitern, bin ich nicht besser als meine Gegner. Dann hätte ich auch kein Recht, in dieser Stadt zu verweilen.«

Vor allem der angesehene Ratschreiber Lazarus Spengler hielt viel von Paracelsus und setzte sich dafür ein, daß sein Vorschlag angenommen wurde. Die Nürnberger Ärzteschaft präsentierte dem ›Prahlhans‹ einige Patienten, die an einer sogenannten Elephantiasis litten, das ist eine unförmige Anschwellung einzelner Körperteile, besonders der Arme und Beine, infolge eines Lymphstaus, verbunden mit einer Vermehrung des Bindegewebes und einer Verdickung der Haut. Die Krankheit tritt vor allem als Folge von Geschlechtskrankheiten, nach Krebs und Tuberkulose auf und ist auch heute noch nicht gerade leicht zu behandeln.

Paracelsus nahm die Herausforderung an – und hatte, wie es in der Chronik heißt, durchschlagenden Erfolg. Der Magistrat erteilte daraufhin die Erlaubnis, zwei Schriften des Paracelsus zu drucken.

Doch das Unheil lag schon wieder in der Luft. Die reichen Kaufleute Nürnbergs, voran die Fugger und Welser, trieben in den Jahren, als Paracelsus dort auftauchte, einen schwunghaften Handel mit einem ›Wunderheilmittel‹ gegen die Syphilis, das sie aus Mittelamerika einführten, der Rinde des Guajak-Holzes. Da die schlimme Geschlechtskrankheit aus der ›Neuen Welt‹ eingeschleppt worden war, lag es nahe, das Heilmittel dagegen dort zu suchen. Und viele schworen auf die Rinde.

Nur Paracelsus hatte wieder einmal etwas dagegen einzuwenden. Sehr schnell hatte er erkannt, daß bei dem Guajak-Handel große Betrügereien vorkamen. »Es wundert mich, daß ihr so einfältig seid! Ihr habt noch nicht einmal gemerkt, daß euch Buchenholz als Guajak verkauft wird.«

Und dann donnert er: »Zunächst verwerf ich all das Schmieren, das Holz und die Salben. Aber ihr Spiegelfechter laßt ja doch nicht ab von euren Possen. Habt ihr irgendeinen Beweis für die Wirksamkeit des Holzes?«

Solche Äußerungen setzten die Ärzte in Mißkredit und gefährdeten ein lohnendes Geschäft. Schon hatte Paracelsus wieder alle gegen sich – die Ärzte, die mächtigen Handelsunternehmen, die selbst dem Kaiser Vorschriften machen konnten, und auch den Magistrat, der am Handel und an einem guten Verhältnis zu den Kaufleuten interessiert sein mußte.

Als Paracelsus für ein neues medizinisches Werk die Druckerlaubnis erbat, wurde er abgewiesen. Gleichzeitig verbot der Magistrat den Verkauf der bisherigen Schriften und ließ sie vernichten. Die medizinische Fakultät der Universität Leipzig hatte nämlich – vermutlich von den Fuggern bedrängt – ein vernichtendes Gutachten über die Schriften des Paracelsus abgegeben. Alle Eingaben, Bitten, Vorstellungen halfen Theophrast von Hohenheim nichts. Auch sein

Freund und Gönner Lazarus Spengler konnte nichts mehr für ihn tun. Seine ›Karriere‹ in Nürnberg war zu Ende. Im Frühjahr 1530 schon verließ Paracelsus die Norica.

Zurück ließ er – interessanterweise – eine Reihe kleiner ›Bestseller‹, die nach wie vor verkauft werden durften und die sehr gefragt waren: Kalender mit vielen praktischen Hinweisen auf Wetter und jahreszeitliche Veränderungen, astrologische Schriften und Gedanken über das Auftauchen eines Kometen. Genau das wollten die Leute lesen. Die Drucker in Nürnberg sollen gar nicht nachgekommen sein, genügend Exemplare dieser Schriften herzustellen. Der ›Kalenderschreiber‹ Paracelsus war bald bekannter – noch bekannter – als der ›Wunderarzt‹.

Die vier Säulen der Heilkunst

Wohin sollte sich der Heimatlose nach dem Fehlschlag in Nürnberg wenden?

Paracelsus war ein Mann der Gegensätze. Hatte er aus der Verträumtheit Colmars in das geschäftige Nürnberg gewechselt, so suchte er jetzt die Abgeschiedenheit der Gelehrtenstube. Er wanderte rund hundert Kilometer weit in ein kleines Städtchen nördlich von Regensburg, nach Beratzhausen im Labertal. Der Schloßherr Freiherr von Stauff hatte ihm Unterkunft angeboten und die Möglichkeit, hier in Ruhe seine Bücher zu schreiben.

Im Erkerzimmer des Schlosses verfaßte Paracelsus sein vielleicht bedeutendstes Buch – Paragranum. Es ist gewissermaßen die erste systematische Zusammenfassung seiner Vorstellungen über die neue Medizin, eine grundlegende Philosophie der Heilkunst.

Nun lernt man den wahren Paracelsus und sein Weltbild kennen: »Die erste Säule der Medizin ist die Philosophie der Erde und des Wassers. Die zweite Säule wird von Astronomie und Astrologie gebildet mit der vollkommenen Erkenntnis der beiden Elemente Feuer und Luft. Die dritte Säule ist die Alchimie mit all ihren Möglichkeiten, die Elemente voneinander zu trennen oder zu verbinden. Die vierte Säule ist die Tugend, die jeden Arzt bis zu seinem Tod begleiten muß.«

Was ist Philosophie?

Die Erklärung dazu lautet folgendermaßen: »Was ist Philosophie? Es ist die Fähigkeit zu erkennen, was der Erde Gewächs ist und des Wassers, und herauszufinden, welche Natur und welche Kraft das Gewächs besitzt. Ich denke nicht an moralische oder ethische Grundsätze, Theorien und andere Gugelfuhr, womit sich Leute wie Erasmus von Rotterdam abgeben. Auch der ist ein Philosoph, der des Menschen Lauf kennt, ihn erfahren und erkundet hat. Wer in solcher Philosophie nicht zu Hause ist, der paßt zum Arztberuf wie ein Schornsteinfeger in die Backstube... Der Arzt muß aus der Natur wachsen. Was ist die Natur denn anderes als Gestalt gewordene Philosophie? Was ist die Philosophie anderes als unsichtbare Natur? Wer Sonne und Mond kennt, der weiß auch, wie sie aussehen, wenn er sie nicht sehen kann. Er trägt Sonne und Mond in sich – so wie sie am Firmament stehen. Auf gleiche Weise soll der Arzt den Menschen mit geistigen Augen durchschauen, als ob er durchsichtig wäre, wie destillierter Tau, in dem sich kein Stäublein verborgen halten kann, oder auch wie eine klare Quelle, auf deren Grund man jeden Kieselstein sieht. Im Spiegel des Kranken muß er die Krankheit erkennen – genauso, wie sie ist, nicht wie seine Phantasie sich das ausmalt...«

Damit fordert Paracelsus alle Ärzte auf, die Natur in all ihren Formen, Äußerungen, Wirkungen begreifen zu lernen, weil der Mensch als Teil der Natur ihren Gesetzen unterworfen ist. Denn er vertritt die Ansicht: Gesund ist das Natürliche. Wo die Natur im Menschen unterdrückt wird, verfälscht oder verbogen wird, da nimmt die Krankheit ihren Anfang. Der Mensch muß in der Natur und mit der Natur leben, sonst wird sie zu seinem Gegner und letztlich zur Krankheitsursache.

Titelblatt des 2. Teils der großen Wundarznei des Paracelsus, um 1550

Was ist Astrologie?

Diese Grundposition wird verfestigt durch den Punkt zwei der wahren Medizin – Astronomie und Astrologie: »Sie ist der obere Teil der Philosophie«, erklärt Paracelsus. »Durch sie wird der Mensch voll erkennbar, denn die Vorgänge im Körper laufen synchron mit dem Lauf der Gestirne... Im Menschen ist das Firmament mit gewaltigem Lauf leiblicher Planeten und Sterne. Da gibt es, ebenso wie oben am Himmel, Konjunktionen und Oppositionen. Was aber im Innern vor sich geht, das findet schließlich seinen Ausdruck im leiblichen Aussehen. Deshalb kann man durch die Erkenntnis des Innern den Grund der äußerlichen Erscheinung erkennen. *Ein* Firmament, *ein* Gestirn, *eine* Natur, *ein* Wesen...«

Über solche Äußerungen ist viel gerätselt worden: Glaubte Paracelsus nun an Astrologie oder nicht?

Einmal schreibt er: »Alles hat sein Maß und seine Zahl. Nichts ist zwecklos geschaffen. Ein Kind, das mit zehn Jahren eines natürlichen Todes stirbt, hat sein Leben ebenso vollendet wie ein hundertjähriger Greis. Wer meine Auffassung vom Himmel im Menschen verstehen würde, der wüßte um die Vorherbestimmung des Menschen. Mit dem Kind wird gleichzeitig sein Firmament geboren mit allem, was dazu gehört...«

An anderer Stelle liest man: »Merket wohl, daß in der Stunde der Empfängnis die Geister keine solche Gewalt haben wie im Augenblick, in dem das Kind aus dem Mutterleib geboren wird.«

Das hört sich an wie eine Rechtfertigung der Astrologie.

Andererseits verwirft Paracelsus ausdrücklich die ›primitive Horoskopstellerei‹, die ›ordinäre Sterndeuterei‹. Er lacht und spottet darüber und nennt diese Astrologie, die sogenannte ›astrologia judiciaria‹, eine lächerliche Fabula.

Was meint er wirklich, er, der astrologische Jahrbücher, sogenannte ›practica‹ verfaßte, in denen er aufgrund der Sternenkonstellationen auf kommende Ereignisse verwies?

Die Erklärung gibt Paracelsus selbst, indem er schreibt: »Ein Arzt muß in erster Linie ein Astronomus sein, das heißt einer, der die kosmischen Grundgesetze kennt. Wo dieses Wissen fehlt, ist der Patient mit seinem Doktor angeschmiert. Denn – über die Hälfte aller Krankheiten wird vom Firmament regiert.

Das ist so zu verstehen: Was nützt das Heilmittel für die Gebärmutter einer Frau, wenn Venus es nicht dorthin geleitet? Was wäre die Arznei für das Gehirn wert, würde es nicht der Mond dahin bringen? So ist es mit allen Medikamenten: Sie blieben im Magen liegen und würden durch den Darm wieder ausgeschieden und wären deshalb ohne Nutzen.

Das ist doch der Hintergrund: Wenn für dich der Himmel ungünstig ist, wenn er die Arznei nicht zur rechten Stelle befördert, dann nützen alle Bemühungen nichts. Der Himmel muß dir's leiten.

Noch einmal anders ausgedrückt – es genügt nicht zu sagen: Die Melisse ist ein Mutterkraut, der Majoran ist gut für den Kopf. So reden die Unverständigen. Die segensreiche Wirkung der Kräuter geht letztlich von der Venus und vom Mond aus. Wenn du dieses Segens teilhaftig werden willst, mußt du den günstigen Himmel abwarten, sonst bleibt die Wirkung aus.

Da liegt der große Irrtum, der in der Medizin überhandgenommen hat: Gib nur ein! Hilft's, dann hilft's! Eine solche Kunst kann jeder Bauernknecht praktizieren. Dazu braucht es kein Medizinstudium ...«

Das heißt ganz ohne Zweifel: Das beste Medikament nützt überhaupt nichts, solange es nicht zum richtigen Zeitpunkt gegeben wird. Von einem Horoskop ist allerdings keine Rede. Der ›günstige Himmel‹ ist anders zu verstehen.

Selbstverständlich hatten die Ärzte – Jahrtausende vor Paracelsus schon – beobachtet, daß biorhythmische Zyklen mit dem Lauf der Sterne in einem engen Zusammenhang stehen. Auch der Dümmste mußte eines Tages dahinterkommen, daß die Veränderungen des Mondes am Himmel synchron laufen mit den Monatsblutungen der Frauen, um nur eine, nämlich die deutlichste Übereinstimmung zu nennen. Sollte es reiner Zufall sein, daß beide Zyklen – von kleinen Abweichungen und Störungen abgesehen – genau gleich lang dauern, neunundzwanzig Tage?

Heute beschäftigt die Wissenschaftler die nicht uninteressante Frage: Was würde denn passieren, lebten Menschen ein paar Generationen lang nicht mehr auf der Erde, sondern auf einem Planeten, dessen Jahr vielleicht doppelt so lange dauert, der nicht nur einen Mond, sondern mehrere Monde besitzt, mit anderen Umlaufzeiten? Müßte sich der Organismus der Menschen, der von ganz anderen Rhythmen geprägt ist, verändern, anpassen? Könnte es vielleicht sein, daß die verpflanzten Menschen in der neuen Umgebung doppelt so alt werden? Daß die Regel der Frauen nicht mehr monatlich, sondern nur noch alle sechs oder acht Wochen eintritt?

»Die Umgebung hat uns geprägt«, sagte schon Albertus Magnus (1193 bis 1280). Und genau das wollte auch Paracelsus sagen: die Umgebung hat uns geprägt – und ihren Rhythmen können wir nicht entrinnen. Wir dürfen ihnen auch nicht zuwiderhandeln, sonst gerät unser Organismus durcheinander.

Johannes Kepler (1571 bis 1630) stellte fast hundert Jahre später fest: »Ich habe die Lehre von den Krisen zwar nicht studiert, daß ich genau sagen könnte, welche Erfahrungen die Ärzte im Hinblick auf die Mondphasen haben. Trotzdem will ich meine Meinung darlegen: Nach sieben Tagen kommt der Mond zum Quadrat des Ortes, von dem er ausgegangen ist, nach vierzehn Tagen zur Opposition des Ausgangspunktes, mit einundzwanzig wieder zum Quadrat, nach achtundzwanzig Tagen ist er wieder dort, wo er ursprünglich war. Das stimmt aber überein mit den Krisentagen, die bei Krankheiten immer wieder beobachtet werden: Sie fallen auf den siebenten, vierzehnten, einundzwanzigsten, achtundzwanzigsten Tag. Wenn diese Beobachtung aber stimmt, müssen die Krisen dann nicht mit den Mondzyklen in irgendeinem Zusammenhang stehen?« Hinter diesen Sätzen steht die astrologische Vorstellung, daß ein Planet, der mit einem anderen oder mit der Sonne einen rechten Winkel bildet oder ihnen direkt gegenübersteht, sich also ›in Opposition‹ befindet, eine kritische Situation anzeigt.

Weder Albertus Magnus noch Paracelsus, noch Johannes Kepler waren der Meinung, die Krisen würden vom Mond verursacht, etwa durch eine noch unentdeckte Strahlung, die vom Mond ausgeht, oder durch Kräfte vergleichbar der Anziehungskraft, die Ebbe und Flut bewirkt. An den Mondzyklen und am Stand der Planeten versuchten sie die Zyklen des Körpers, das Auf und Ab der organischen Kräfte abzulesen, weil ihrer Vorstellung nach die Uhren am Himmel genau gleich laufen wie die im Körper.

Paracelsus wußte beispielsweise schon und wetterte wiederholt dagegen, daß es ein Unsinn ist, Medikamente nach der Formel ›dreimal täglich‹ anzuwenden. Er hatte erfahren, daß sie in frühen Morgenstunden ganz anders wirken als mittags oder gar abends – nicht zuletzt deshalb, weil sie der Körper zu verschiedenen Zeiten anders aufnimmt und anders auf sie reagiert.

Eine Einsicht, die erst in unseren Tagen durch exakte Erforschungen unserer ›inneren Uhr‹ bestätigt werden konnte: Medikamente wirken tatsächlich anders, je nachdem, zu welcher Tageszeit sie eingenommen werden. Man spricht vom körperlichen Auf und Ab: Nach einem fest fixierten Rhythmus verändern sich Körpertemperaturen, Leistungsfähigkeit, Empfindlichkeit gegenüber Reizen, Stoffwechselprozesse und viele andere Dinge. Selbst schädliche Strahlen kann der Körper in den Morgenstunden weit besser verkraften als am Abend. In Tierversuchen ist das mehrfach nachgewiesen: Strahlenmengen, die morgens nicht viel mehr als Übelkeit verursachen, können abends tödlich wirken.

Ganz ähnlich ist es bei der Wirksamkeit von Medikamenten – besser gesagt, mit der Antwort des Körpers auf sie. Insulin beispielsweise wirkt um so stärker, je früher am Tag es gespritzt wird. Gerade der unterschiedlichen Wirkung zu verschiedenen Zeiten wegen legen die Ärzte so großen Wert darauf, daß immer zur selben Zeit gespritzt wird.

Das Hormon Cortison, das gegen Entzündungen und Schmerzen vor allem bei Rheuma angewendet wird, sollte am besten morgens zwischen sechs und acht Uhr gegeben werden, weil dann wiederum die Wirkungen am stärksten, die Nebenwirkungen am geringsten sind.

Herzpatienten, die Saluretika einnehmen müssen, also Mittel, die das Wasser aus dem Körper schwemmen, vertragen diese am besten in den Abendstunden.

Paracelsus hat für jedes seiner Medikamente den richtigen Zeitpunkt der Anwendung herauszufinden versucht – ganz selbstverständlich.

Um Paracelsus verstehen zu können, muß man sich folgendes Schema vorstellen: Der biologische Rhythmus, das Auf und Ab des Lebens, verläuft in einer Sinuskurve: Ausgehend von der Null-Linie beginnt die aktive, positive Phase täglich morgens um drei Uhr. Um neun Uhr vormittags ist der Augenblick der Höchstleistung gekommen. Von dieser Stunde an beginnt die Vitalität bereits wieder abzusinken. Nachmittags um fünfzehn Uhr geht die aktive Phase zu Ende. Jetzt sinkt die Biokurve unter die Null-Linie in die negative Erholungsphase ab. Abends um neun Uhr befindet sie sich im absoluten Tiefpunkt, um danach wieder zur Null-Linie aufzusteigen.

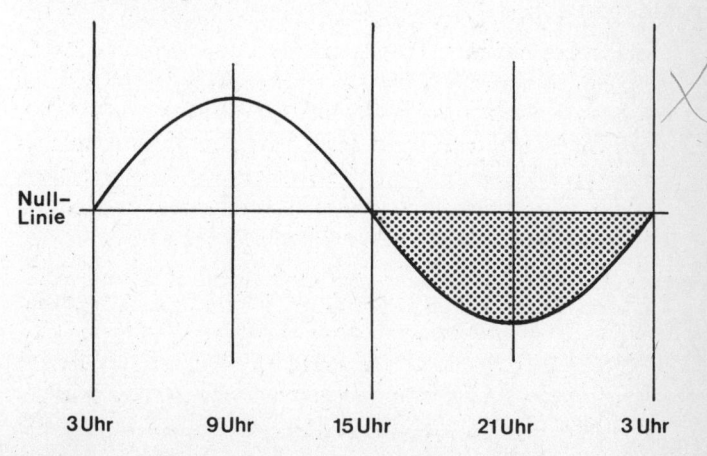

Null-Linie

| 3 Uhr | 9 Uhr | 15 Uhr | 21 Uhr | 3 Uhr |

Solange die Kurve körperlicher Vitalität über der Null-Linie verläuft, ist man leistungsfähiger, widerstandsfähiger, aktiver. In dieser Zeit mag sich der Körper auch weit besser gegen Gifte und Störungen jeder Art von außen zu behaupten.

In der ›Nacht‹ des Körpers, also zwischen fünfzehn Uhr nachmittags und drei Uhr morgens, befindet sich der Körper im Wiederaufbau. In dieser Zeit sind die Kräfte der Gesundung, die Heilkräfte besonders stark.

Zur Zeit des Paracelsus galt als medizinische Regel – weithin wird sie auch heute noch anerkannt: Überlebt ein Schwerkranker den Krisenpunkt drei Uhr nachts, also den Augenblick, in dem die Biokurve von der negativen Phase in die positive überwechselt, dann kann man davon ausgehen, daß er den ganzen nächsten Tag am Leben bleiben wird. Drei Uhr nachts, das ist der kritischste Schwachpunkt für alle Menschen, ob sie nun gesund oder krank sind.

Der zweite Krisenpunkt ist um drei Uhr nachmittags gekommen – ebenfalls der Wechsel von einer Phase in die andere.

Morgens um neun Uhr dagegen befindet sich der Körper nach diesem Schema in Hochform. Dann kann er am meisten leisten und ist besonders belastungsfähig. Viele Medikamente gab Paracelsus deshalb morgens um neun Uhr.

Zu diesem Zeitpunkt, so sagte er auch mehrfach, sollte man die kräftigste Mahlzeit des Tages einnehmen.

Auch dieses ›Rezept‹ hat sich als Wissen bis in unsere Tage hinein erhalten: Vor allem Handwerker und Bauern, also jene, die körperlich hart gefordert werden, widmen dem zweiten Frühstück gegen neun Uhr, dem ›z'nüni‹, wie man im alemannischen Sprachraum sagt, besondere Aufmerksamkeit. Mittags mag vielleicht noch mehr gegessen werden als um neun Uhr. Das zweite Frühstück ist aber mit Wurst und Speck und Most wesentlich kräftiger.

Genau das verstand Paracelsus darunter, wenn er davon sprach, man müsse für alles, was man tut, den günstigsten, nämlich den rechten Augenblick finden. Ganz sicher rühren viele moderne Zivilisationskrankheiten aus dem ständigen Verstoß gegen den natürlichen Lebensrhythmus:

Statt morgens essen wir besonders ausgiebig in den Abendstunden – zu einer Zeit, in der der Körper überhaupt nicht darauf eingestellt ist, große Nahrungsmengen zu verkraften. Er wollte sich soeben mit ›Aufräumungsarbeiten‹ befassen, mit der Heilung und Verwertung der tagsüber gesammelten Eindrücke. Nun sieht er sich gezwungen, eine Aufgabe hintanzustellen: entweder die Verdauung oder die Heilung bleibt unvollständig.

Oder – statt vormittags arbeiten wir nachmittags und bis in die Nacht hinein. Paracelsus hat – übereinstimmend mit den großen Ärzten der Antike – vor allem ältere Menschen davor gewarnt, nach drei Uhr nachmittags schwierige Dinge anzupacken. Solche Arbeit raube dem Körper seine Kräfte in übergroßem Maße. Zwischen neun Uhr abends und drei Uhr nachts sollten vor allem Menschen, die nicht ganz gesund sind, jede große Anstrengung vermeiden, weil sie sonst nicht gesund werden können.

Paracelsus hat bei seinen Behandlungen selbstverständlich auch die Mondphasen beachtet – und je nachdem die Medikamente verstärkt oder ihre Dosis verringert. Er wußte, daß Heilpflanzen, bei zunehmendem Mond (und möglichst in den Morgenstunden) gepflückt, viel kräftiger sind als zu anderen Zeiten, in denen sie oft schal und bitter schmecken. Das hat wiederum nichts mit Astrologie in falsch verstandenem Sinn zu tun. Es zeigt nur einen ähnlichen biologischen Rhythmus an wie das Auf und Ab der Tagesstunden.

Man hat sich oft und ausgiebig darüber lustig gemacht, daß Paracelsus die einzelnen Organe vornehmlich an bestimmten Tagen behandelte – entsprechend der ›regierenden Sterne‹: Magen und Milz am Samstag (Tag des Saturns), Leber und Darm am Donnerstag (Tag des Jupiters), die Galle am Dienstag (Tag des Mars), Gehirn und Drüsen am Montag (Tag des Mondes), Lungen und Nieren am Mittwoch (Tag des Merkurs) und Unterleib und Geschlechtsorgane am Freitag (Tag der Venus).

Diese Zuordnung der Organe zu ›Planeten‹ ist nichts anderes als die Einsicht, daß alles Leben einen getreuen Spiegel der Schöpfung darstellt.

Solche Dinge waren für Paracelsus selbstverständlich. Er wußte: Alle Prozesse in unserem Körper von der Annahme und Verwertung der Nahrung bis hin zu den komplizierten Heilvorgängen werden ja nicht von unserer Einsicht oder von unserem Willen gesteuert. Es sind auch nicht nur ganz natürlich erklärbare chemische Prozesse, die da ablaufen, Vorgänge, die man einfach steuern könnte, indem man – wie bei der Zubereitung eines schmackhaften Gerichts – nur auf die genauen Mengen und Qualitäten der Zutaten achten müßte. Nein. In jedem Organismus ›lebt‹ und regiert eine eigene Intelligenz. Ein höheres Wissen, das völlig unabhängig ist von unserem logischen Einsehen und von den Willenskräften. Der Körper ›weiß‹, was er braucht – und teilt es uns mit Appetit oder Abneigung mit. Er regelt selbständig die Körpertemperatur, indem er bei Kälte zu zittern, in der Hitze zu schwitzen beginnt. Er erkennt – wiederum ohne jedes Zutun unsererseits – die Krankheitserreger und bekämpft sie. Er weiß sehr genau, was zum Körper gehört und geschützt werden muß und was fremd ist und abgestoßen werden muß. Er kann zwischen nützlichen und schädlichen Bakterien unterscheiden. Und wenn eine Wunde entstanden ist, läßt er Zellen heranwachsen, bis sie wieder geschlossen ist. Nicht mehr, nicht weniger.

Würde das alles – und noch viel mehr – nicht auf geradezu wundersame Weise und wie von selbst funktionieren, müßten wir dazu Befehle erteilen oder Willensanstrengungen in die Tat umsetzen, hätten wir nicht die geringste Chance, auch nur eine einzige Sekunde zu überleben.

Diese innere, eigene Intelligenz aber, die unser angelerntes Wissen so weit übersteigt, das konnte nach der Vorstellung von Paracelsus nur göttlichen Ursprungs sein – ein Teil des Himmels in uns, ein Spiegelbild des göttlichen Firmaments.

Deshalb also seine Rede von ›den Sternen in uns‹.

Sie regieren nun aber andererseits nur über die natürlichen Vorgänge und Regungen des Körpers, über das ›Viehische‹ im Menschen, wie Paracelsus es ausdrückt, und insofern über uns nur, soweit wir den natürlichen Anlagen nachgeben, ohne eigene Entscheidungen zu treffen und uns über die Natur zu erheben. »Ein kluger Mann beherrscht die Gestirne, ein viehischer Mensch aber wird von ihnen gemeistert, gezwungen, genötigt, so daß er dem Gestirn nachgeben muß wie der Dieb dem Galgen, der Mörder dem Rad... So die Dinge nicht viehisch wären und sich die Leute an den Weg des Herrn hielten, könnten die Astrologen die Zukunft nicht voraussagen... Also ist der Himmel allein des Viehs Herr, nicht des Menschen. Denn das solltet ihr wissen: Gott hat die Planeten nicht geschaffen und die anderen Gestirne des Himmels, damit sie den Menschen regieren und ihr Herr sein sollen. Sie sind zum Dienst am Menschen geschaffen. Sie müssen ihm dienen wie alle anderen Kreaturen. So groß ist die menschliche Weisheit, daß sie unter sich hat alle Gestirne, das Firmament und den ganzen Himmel... So sage ich euch in Wahrheit, daß die Gedanken vollbringen, was Gestirne und Elemente nicht vermögen. Sie übertreffen das natürliche Licht. Aus den Gedanken wird eine Bewegkraft, die nicht elementarisch und nicht astrologisch ist... Mit Hilfe des neugeborenen Geistes können sie andere Werke tun, als Gestirne und Elemente vermögen. Das ist ganz natürlich: Die Gedanken schaffen einen neuen Himmel, ein neues Firmament, eine neue Kraft, aus welcher neue Künste fließen. Jeder, der sich vornimmt, eine neue Sache zu schaffen, der schafft einen neuen Himmel. Aus ihm geht dann das Werk hervor, das er schaffen will.«

Das ist wiederum unverfälscht der Geist mittelalterlicher Scholastik. Thomas von Aquin, der große Schüler von Albertus Magnus (1193 bis 1280), hat es so formuliert: »Daß die Astrologen häufig die Zukunft richtig vorhersagen, das geschieht, weil die meisten Menschen nur ihren Leidenschaften folgen, infolgedessen ihre Handlungen durch den Einfluß der himmlischen Körper bestimmt werden.«

Schon der griechische Naturforscher Claudius Ptolemäus (100 bis 160 nach Christus) hatte gesagt: »Ein weises Gemüt veredelt die himmlischen Einflüsse.«

Für die Heilkunst des Paracelsus bedeutete aber diese so verstandene ›Astrologie‹: Weil die gewaltige Kraft der Gedanken die innere Intelligenz des Körpers, die natürliche Ordnung, der alle organischen Kräfte unterworfen sind, ›beherrschen‹ kann, können Gedanken auch falsch, störend, krankmachend auf sie einwirken. Jeder noch so beiläufige Gedanke kann zur Krankheitsursache werden. Gesundheit und Heilung sind also nur dort möglich, wo das ›Firmament des Geistes‹ mit den ›Sternen in uns‹ in Einklang ist. Geist und Natur, die beiden Grundelemente des Menschen, dürfen sich nicht gegenseitig befehden, dürfen nicht, bei aller Verschiedenheit, zu Gegensätzen werden. Sie müssen einander ergänzen und veredeln und vervollkommnen.

Ganz einfach ausgedrückt: Der Mensch darf seine natürlichen Anlagen nicht unterjochen, nicht vergewaltigen, nicht leugnen. Er muß sie akzeptieren – und richtig, das heißt gesund zur Entfaltung bringen. Denn diese Natur im Menschen ist nicht schlecht, nicht böse. Sie kann lediglich entarten, wenn ihre Kräfte mißbraucht werden; wenn der Mensch von ihnen beherrscht wird und nicht über sie herrscht.

Das ist noch nicht alles. Wenn die Gedanken so mächtig sind, wie Paracelsus sagt, dann müssen sie auch als Heilkraft eingesetzt werden. Wenn falsche Gedanken, eine falsche Einstellung zum Leben zur Krankheitsursache werden können – was die moderne Psychosomatik ja anerkennt –, dann müssen umgekehrt die guten, die richtigen Gedanken und Vorstellungen auch dort noch heilen können, wo die ›Sterne in uns‹ nicht mehr mächtig genug sind. Um in den Bildern des Paracelsus zu bleiben: Wir müssen uns den Himmel schaffen, den Himmel Gesundheit vorstellen, damit uns aus ihm die Gesundheit zufließen kann.

Ist das nicht der einzige und richtige Ausweg aus der Gesundheitsmisere unserer Tage? Ist unsere heutige Medizin, für die weder die ›Sterne in uns‹ noch das Heilmittel

›positive Gedanken‹ existieren, nicht geradezu armselig, gemessen an dem, was Paracelsus mit dem ›oberen Teil der Philosophie‹ lehrte?

Was ist Alchimie?

Die dritte Säule der Medizin nach der Philosophie und der Astrologie ist für Paracelsus die Alchimie. Darunter verstand er nicht einfach den mehr oder weniger verzweifelten Versuch, aus gewöhnlichen Metallen Gold und Silber zu machen, obwohl er vermutlich das auch probiert haben dürfte. Alchimie war für ihn in erster Linie die Kunst, Heilmittel herzustellen. »Wenn der Arzt nicht in der Alchimie am meisten beflissen und erfahren ist, dann ist seine ganze Kunst umsonst. Denn die Natur ist einmal so subtil, ein andermal so scharf in ihren Gaben (gemeint ist, die Dosierung der Wirkstoffe in Heilpflanzen und Mineralien und Metallen ist entweder zu gering, so daß sie nicht ausreichend zur Wirkung kommen können, oder sie ist so stark, daß das Mittel so, wie die Natur es anbietet, giftig ist), daß die Natur nicht ohne große Kunst angewendet werden kann. Die Natur stellt uns nichts zur Verfügung, was schon vollendet wäre. Der Mensch muß es vollenden. Diese Vollendung heißt Alchimie.

Der Alchimist ist wie ein Bäcker, der Brot backt, wie ein Winzer, der Wein macht, ein Weber, der Tuch herstellt, kurz gesagt, er ist der, der das, was in der Natur dem Menschen heilsam heranwächst, dahin bringt, wozu es von Natur aus bestimmt ist. Der Unterschied ist vergleichbar der Tierhaut und dem fertigen Pelz. Wenn einer eine Schafshaut nähme und sie roh als Pelz oder Rock anzöge – wie grob und ungeschickt wäre das im Vergleich mit der Kunst des Kürschners und Webers! Ebenso ungeschickt ist es, wenn jemand etwas in der Natur sammelt und es nicht zubereitet. Ja, diese Handlungsweise wäre ja noch gröber und ungeschickter. Denn das Heilmittel betrifft die Gesundheit, den Leib und das Leben... Soviel Bedeutung hat nun die Kenntnis der

Alchimie für die Arznei: Die Ursache der verborgenen Vorzüge, die in den Dingen in der Natur innewohnen, sind niemandem offenbar, es sei denn, es mache sie die Alchimie offenbar und bringe sie hervor. Sonst ist es, wie wenn einer im Winter einen Baum sieht und nicht weiß, was in ihm steckt, so lange, bis der Sommer kommt und es dann nacheinander offenbart. Erst die Spößlein, dann die Blüten, dann die Frucht. So liegen die Vorzüge der Dinge dem Menschen verborgen. Der Alchimist bringt sie ans Licht wie der Sommer... Er findet auch heraus, daß andere Kräfte in den Knospen, andere in den Blättern, andere in den Blüten,

Goldmacher und Schwarzkünstler: Alchimistisches Labor im 16. Jahrhundert; Kupferstich um 1570

andere in den unreifen Früchten, andere in den reifen Früchten stecken. Und es ist ganz wunderbar, daß die letzte Frucht ganz ungleich ist der ersten, sowohl was die Form als auch was die Eigenschaften betrifft. Darauf muß man seine besondere Aufmerksamkeit richten, denn so ist die Natur. Der Alchimist beginnt, wo die Natur aufhört. Gott hat seine Macht in Kräutern gegeben, in Steine gelegt, in die Samen verborgen. In ihnen sollen wir sie suchen und nehmen.«

Anders gesagt: Paracelsus sieht in dem, was man in der Natur vorfindet, das Rohmaterial. Arzt, Apotheker, die pharmazeutische Industrie müssen daraus das ›Kunstwerk‹ Medizin formen, das weder zu schwach noch giftig ist.

Vorbild für ihn war auch in diesem Punkt wiederum der Körper selbst, der beste und tüchtigste Alchimist überhaupt, wie er sagte. Er, der schon in frühesten Kindheitstagen miterlebt hat, wie schwierig manche chemischen Vorgänge zu bewerkstelligen sind, wie viel Zeit, Energie, Können und Wissen sie dem Chemiker abverlangen, stand voller Bewunderung vor den Leistungen des menschlichen Körpers in diesem Punkt. Er versuchte, diese Leistungen zu enträtseln und nachzuahmen. »Die Alchimie ist die Kunst, der Archeus in uns, unsere Lebenskraft, der Künstler. Er verdaut das Brot im Magen und verwandelt es in Fleisch und Blut, was nicht durch den Backofen geschehen kann. Daran läßt sich erkennen, daß die Alchimie eine von Gott eingesetzte Kunst ist – und die eigentliche Kunst der Natur... Ein Doktor ohne alchimistische Kenntnisse ist ebensowenig ein wirklicher Arzt, wie das Spiegelbild eines Menschen ein wirklicher Mensch ist.«

Es wurde schon darauf hingewiesen, daß Paracelsus mit seinen chemischen Analysen, aber auch mit der Herstellung von Medikamenten aus Pflanzen, aus Metallen, aus chemischen Substanzen zum Begründer der modernen, wissenschaftlich exakten Pharmazie geworden ist. Allerdings – mit der Entwicklung, die sie vor allem in unserem Jahrhundert genommen hat, wäre er wohl nicht einverstanden. In dem für ihn wesentlichen, ja entscheidenden Punkt unterscheidet sich zumindest die moderne Chemotherapie grundlegend von seinen Absichten. Paracelsus hat immer und überall, in Pflanzen und Metallen und Mineralien, im Quellwasser und in giftigsten Stoffen nach dem ›Funken‹ gesucht, nach dem ›Arcanum‹, der Seele. Das Medikament sollte nicht gegen etwas gerichtet sein, nicht Krankheitserreger zerstören, sondern die niedergebrannte Lebensflamme im Körper wieder entfachen. Mit dem Medikament sollte der Körper die ›Bausteine‹ bekommen, die ihm fehlen, und somit in die Lage versetzt werden, sich selbst zu helfen. Heilung war für Paracelsus immer Selbstheilung. Nicht der Arzt heilt, so sagte er, nicht das Medikament, sondern der ›Archeus‹ im eigenen Körper. Der Arzt muß wissen, mit welcher Arznei er ihm zur Kraft verhilft. Das übrige tut der Körper dann schon selber.

Das ist nicht etwa Heilkunst von gestern. Es ist die Heilkunst von morgen. Am Ende des zweiten Jahrtausends ist die Menschheit dabei, genau diese Wende zu vollziehen, die Einsichten des Paracelsus langsam zu begreifen.

Niemand wird verkennen, daß moderne Medikamente von den Antibiotika bis zu den Zytostatika mehr und Besseres geleistet haben, als die Menschheit jemals erwarten konnte. Trotzdem wächst die Einsicht – und der Gesundheitszustand der Menschheit ganz allgemein ist der Beweis dafür –, daß bei der Herstellung und Verabreichung von Medikamenten ein falscher Weg eingeschlagen wurde. Wenn heute jeder dritte Patient im Krankenhaus nur deshalb dorthin gelangte, weil er seinen Körper mit Medikamenten geschädigt hat, dann ist es höchste Zeit, umzudenken.

Das müssen aber nicht nur Ärzte und Apotheker tun, sondern vor allem jene, die sich krank fühlen und nach Hilfe suchen. Es kann und darf nicht damit getan sein, den lästigen ›Alarmknopf‹ mit Hilfe eines Medikamentes auszuschalten, ohne sich zu fragen, warum der Alarm überhaupt ausgelöst wurde. Wir müssen wieder lernen, auf die Signale des Körpers zu hören, um unser Leben dann so einzurichten, daß der Körper zustimmen und unbehindert, ungestört funktionieren kann. Das wäre der rechte Weg zur dauerhaften, stabilen Gesundheit: Der tüchtigste Alchimist ist dein eigener Körper!

Was ist Tugend?

Als vierte und letzte Säule der Medizin nennt Paracelcus schließlich die Tugend, ›Virtus‹: »Wen Gott auf diesen Posten gestellt hat, der darf kein Larvenmann sein (keiner, der sein wahres Wesen hinter einer Maske versteckt), kein altes Weib, kein Henker, kein Lügner, kein Leichtfuß. Er muß ein wahrhaftiger Mann sein... Dazu gehört aber auch Kunstfertigkeit aufgrund großer Erfahrung. Er braucht einen ärztlichen Kunstverstand...«

Paracelsus verlangt damit nicht nur ein hohes Berufsethos, höchstes Verantwortungsgefühl, Nächstenliebe zum Patienten, sondern auch die nötige Qualifikation, begründet auf Talent und Erfahrung.

An dieser Stelle macht er wieder einmal seiner tiefen Enttäuschung und Verbitterung über so manchen Berufskollegen Luft, indem er hinzufügt: »Heutzutage gibt es viele Doktoren, die in früheren Zeiten nicht einmal für tauglich befunden worden wären, Köche eines Arztes zu sein. Die Hochschulen machen Leute zu Doktoren, die keinerlei Voraussetzung zu diesem Beruf mitbringen. In Deutschland glaubt man nun mal, wenn ein verkrachter Lehrer, Henker oder dergleichen in Rom den Doktorhut bekommen hat, bringt er von dort auch den Heiligen Geist mit. Was nützt die beste Schule, wenn der Schüler nicht genug Intelligenz besitzt? Das Können macht den Arzt, nicht die Hochschule. Gott macht den Arzt. Wenn aber der Geldbeutel der Grund ist, aus dem die ärztliche Kunst hervorquillt, bleibt alles nur Hoffart und Büberei...«

Es hielt den unruhigen Geist Paracelsus nicht lange im stillen Beratzhausen. Ende März 1530, also schon knapp drei Monate nach seinem Abschied von Nürnberg, war er in Regensburg. Dort erlebte er eine Sonnenfinsternis und legte seine Gedanken über deren Bedeutung in einer kleinen Schrift nieder.

Auch Regensburg war kein Ort zum Rasten. Die Drucker wagten sich nicht an seine Schriften. Was blieb dem Vagabunden Paracelsus anderes übrig? Er mußte weiter. Unaufhaltsam weiter. Diesmal donauaufwärts in Richtung Augsburg.

Heiler, ›Magier‹, Seelsorger

»Verratet dem Wirt lieber nicht, daß Ihr Doktor seid, sonst schickt er Euch auf der Stelle in die Nacht hinaus!«

Beschwörend, fast flüsternd redet die Magd auf den Gast ein, der staubig, müde und sichtbar schlecht gelaunt zu später Abendstunde eingekehrt ist.

Im Gasthaus ›Zum Schwanen‹ in Ingolstadt sind Ärzte unerwünscht. Seit vielen Jahren. Viktor Bader, Wirt und Ratsherr, hat ein Vermögen an sie ausgegeben – und ist immer nur enttäuscht worden.

Der späte Gast im ›Schwanen‹ von Ingolstadt ist Theophrast Bombast von Hohenheim, der berühmte und verhaßte Paracelsus. Bei seinem Eintreffen hat er sich der Magd zu erkennen gegeben – in der Hoffnung, er könnte vielleicht als Arzt gebraucht werden und sich somit Essen und Nachtlager verdienen.

Paracelsus ist niedergeschlagen und in dumpfes Grübeln versunken. Sein Weg führte ihn von Regensburg donauaufwärts hierher. Er will weiter nach Augsburg. Eben hat ihn von Nürnberg die niederschmetternde Nachricht erreicht, daß der Rat der Stadt den Druck seiner Schriften unter Androhung schwerster Strafen erneut verboten hat. Wieder einmal! Nun will er in Augsburg einen Drucker finden.

Die Bemerkung der Magd hat den ruhelosen Arzt aus seinem Brüten gerissen. Als sie ihm frisches Bier und ein karges Mahl hinstellt und ihm Bescheid gibt, daß er über Nacht bleiben kann, hält er sie zurück.

»Was hat dein Herr gegen die Ärzte? Haben sie ihm vielleicht übel mitgespielt?« Die Magd blickt sich erschrocken um. Erst als sie sich vergewissert hat, daß niemand zuhört, erzählt sie vom schweren Schicksal, das auf dem ›Schwanen‹ lastet: Oben in der kleinen Kammer, direkt über der Gaststube, liegt das einzige Kind von Viktor Bader. Ein Bild des Jammers – seit nunmehr dreiundzwanzig Jahren! Die schöne Cäcilia ist gelähmt. Noch nie in ihrem Leben hat sie auch nur einen einzigen Schritt tun können. Ihre Mutter ist vor Gram in jungen Jahren gestorben. Cäcilia war damals erst zehn Jahre alt. Der Vater hätte in seinen Bemühen, das Kind gesund und glücklich zu machen, beinahe Haus und Hof verloren. Das schwere Schicksal hat den stolzen Mann gebeugt. Er ist verbittert und hat keinerlei Hoffnung mehr.

»Man hat dem Wirt gesagt, nun wäre es längst zu spät. Niemand kann Cäcilia mehr helfen«, schließt die Magd ihren Bericht und seufzt. »Wie kann unser Herrgott nur so grausam sein! Ihr solltet die wunderschöne Frau da oben sehen!«

Paracelsus wird rot vor Zorn. Er vergißt sich und schlägt wütend auf den Tisch. »Hör auf mit dem dummen Geschwätz! Es ist nie zu spät, und es existieren keine unheilbaren Leiden. Niemals. Statt dessen haben wir nur mutlose, verzagte Kranke und untaugliche Ärzte. Das ist das Elend. Sie schieben dem lieben Gott die Schuld in die Schuhe. Eine bessere Ausrede finden sie nicht.«

Vergeblich versucht die Magd, die Wut des Arztes zu besänftigen oder wenigstens zu erreichen, daß er nicht gar so laut brüllt. Der Wirt hat es gehört und kommt polternd in die Stube. Ohne ein Wort zu sagen, packt der Hüne den kleinen Arzt am Wamskragen und schleppt ihn in die Kammer vor das Bett der gelähmten Tochter.

»Hier könnt ihr Eure Kunst beweisen. Großmaul! Macht Euch rasch ans Werk. Ich schneide unterdessen einen frischen Eschenprügel, um Euch damit zum Teufel zu jagen.«

Paracelsus ist allein mit der Gelähmten. Das erste, was er von ihr wahrnimmt, sind wunderschöne schwarze Haare, die beinahe die ganze Bettdecke überfluten. Das zarte Gesicht ist so bleich, daß zwischen der Haarfülle nur zwei riesige, unendlich traurige Augen hervorstechen.

Paracelsus geht auf Cäcilia zu – und im selben Augenblick sind Ärger, Verstimmung und die Angst vor dem starken Wirt abgeschüttelt. Er ergreift die Hand der Gelähmten. Sie zuckt zusammen, als hätte sie ein Blitz getroffen. Gleichzeitig strahlt ihr aus tiefen, warmen Augen so viel mitreißende Freude und Vertrautheit entgegen, daß sie vor Erwartung zu zittern beginnt. Nur ein letzter Funke von Angst sprüht noch auf. »Bitte, keinen Aderlaß«, flüstert Cäcilia. Die große Traurigkeit in ihren Augen weicht, als Paracelsus lächelnd den Kopf schüttelt.

»Aber nein.« Er stellt sein großes Schwert vor sie, und Cäcilia buchstabiert, was in den goldenen Knauf eingraviert ist. A – Z – O – T – H.

»Ja, Azoth, mein Lebenselixier ist in diesem Knauf. Es wird Euch gesund machen. Ihr müßt nur fest daran glauben.«

Paracelsus drehte den Knauf des Schwertes und schüttete ein kleines Säckchen heraus, in dem ein rotes Pulver ist. Er nimmt davon mit zwei Fingern eine winzige Prise und streut den ›roten Löwen‹, wie er seine Wundermedizin auch nennt, in einen Löffel Wein. Den gibt er Cäcilia.

»So. Und nun müßt Ihr tüchtig schwitzen. Kriecht ganz weit unter die Decke. Ich lasse Euch noch ein zusätzliches Federbett holen. Wenn dann Hemd und Bett völlig durchnäßt sind, ruft Ihr die Magd, damit sie Euch tüchtig trocken reibt. Und dann schlaft Ihr. Morgen früh serviert Ihr mir das Frühstück!«

Paracelsus deckt die Gelähmte zu und geht. Am nächsten Morgen sitzt er in der Gaststube und packt sein Bündel. Da fliegt die Tür auf. Herein kommt Cäcilia. Sie tastet sich schwankend an der Wand entlang. Doch sie geht. Sie steht auf ihren eigenen Füßen und kommt Schritt um Schritt auf Paracelsus zu. Vor ihm wirft sie sich nieder, um seine Hände zu küssen. Aus ihren großen dunklen Augen perlen unaufhaltsam die Tränen. »Habt Dank! Es wird fortan kein Tag vergehen, an dem ich Eure Seele nicht Gott empfehlen will. Ihr habt mich gesund gemacht. Das werde ich jedem erzählen, der zu uns kommt, bis alle Welt Euren Namen kennt.«

Cäcilia Bader war tatsächlich geheilt – und sie ist es geblieben. In der Chronik ist verzeichnet, daß sie zwei Jahre nach dem Besuch von Paracelsus geheiratet hat und später auch Mutter wurde.

Um seinen Ruhm brauchte sich Paracelsus nicht zu sorgen. Wie ein Lauffeuer verbreitete sich die Kunde von seiner neuesten ›Wunderheilung‹. Die Leute begegneten dem fahrenden Arzt noch scheuer. Die Gerüchte über ihn und seine an Zauberei grenzende Heilkunst wurden immer wilder.

Gleichzeitig stellte man dem Arzt nach. Räuber, Diebe, vielfach auch ganz einfach verzweifelte Menschen, die in ihrer Not nicht mehr weiter wußten, lauerten ihm auf und versuchten, an den Knauf des Schwertes heranzukommen, in dem die ›Zaubermedizin‹ versteckt war. Immer wieder wurde Paracelsus überfallen und beraubt. Vermutlich blieb er nur deshalb vorläufig am Leben, weil man seine ›Zauberkräfte‹ fürchtete – über den Tod hinaus.

Aber bald hatte sich noch etwas herumgesprochen: Die gestohlene Medizin war wertlos. Nur wenn Paracelsus sie selbst reichte, entfaltete sie stets aufs neue ihre Heilkraft.

So hat ein Zeitgenosse des Paracelsus ein ganz ähnliches ›Wunder‹ wie das von Ingolstadt festgehalten. Das liest sich so: »Zu Augsburg hat ein vornehmer Bürger eine vierzehn Jahre alte Tochter gehabt. Sie war sehr krank. Als ihr kein Medicus helfen konnte, hat Theophrast, als die Eltern einmal weg waren, einen Becher mit Wein gefüllt. Dahinein gab er seine Medizin. Zur Verwunderung der Eltern ist das Töchterlein bald gesund geworden. Es lebt heute in ehelichem Stand...« Und gewissermaßen zur Bestätigung, daß hier nicht irgendein Gerücht weitererzählt wird, setzt der Zeuge hinzu: »Das habe ich selbst von der Frau und ihrem Mann erfahren. Ich habe sie mehrfach besucht.«

Paracelsus – ein ›Wunderheiler‹?

War Paracelsus ein ›Wunderheiler‹? Besaß er vielleicht sogar den ›Stein der Weisen‹, ein unfehlbares Universalheilmittel?

Soviel steht fest: Theophrast von Hohenheim verfügte über ein für damalige Zeiten unvorstellbares umfangreiches Wissen und beispiellose Fähigkeiten.

Den abergläubischen, unwissenden Zeitgenossen mußte dieser ungewöhnliche Mann unheimlich, ja diabolisch vorkommen. Selbst seine Begleiter – Paracelsus hatte praktisch immer junge Männer um sich, die mit ihm durchs Land zogen – konnten Angst und Scheu und allerlei Verdächtigungen nicht ablegen. Ihr ›Meister‹ kam ihnen vor, als wäre er ein ›Doktor Faustus‹, einer, der seine Seele dem Teufel verkauft hat, um dafür geheimes Wissen zu erfahren.

Paracelsus lebte zwar armselig, manchen Monat und manches Jahr hindurch wie ein mitleidheischender Bettler in zerfetzter Kleidung, ohne Dach über dem Kopf, ohne warmes Essen im Bauch. An wie vielen Tagen mußte er in seiner Not, weil es keine zahlungsfähigen Patienten zu behandeln gab, eines seiner Rezepte verkaufen – für einen Teller Suppe?

Die Begleiter haben es miterlebt. Sie sagten trotzdem – und beschworen es bei allem, was ihnen wert und heilig war: »Eigentlich hätte er das niemals nötig gehabt. Nicht Paracelsus! Dank seiner alchimistischen Künste konnte er Gold, vielleicht sogar Edelsteine machen. Sobald ihm das Geld ausgegangen war, machte er über Nacht neues.«

Manch einer, der Paracelsus nachzog, tat das nicht, um ein erfahrener Arzt zu werden. Er hoffte, eines Tages hinter sein ›Geheimnis‹ zu kommen und rasch, sehr rasch reich zu werden. Und auch die Redlichen, jene, die später sein Erbe übernahmen und verwalteten, suchten dieses Geheimnis und berichteten über unglaubliche Ereignisse, die sie – angeblich – selbst erlebt hatten.

Azoth – das war das große Zauberwort, der ›rote Löwe‹, das Zauberpulver, das Paracelsus im Knauf seines Schwertes mit sich führte und das er immer dann in seiner Alchimistenküche herstellte, wenn es keine Zeugen gab.

AZOTH – das ist eine uralte alchimistische Formel arabisch-hebräischen Ursprungs. Im Laufe der Geschichte erhielt sie wiederholt eine andere Bedeutung. Ursprünglich stand sie wohl grundsätzlich für das spezielle ›Geheimmittel‹ des Arztes. Später bezeichnete man damit Quecksilber und Quecksilberpräparate und angebliche ›Universalheilmittel‹.

Paracelsus verstand den Begriff vermutlich als Signum, etwa mit der Bedeutung: Anfang und Ende, A bis Z, Alpha und Omega.

Das sollte heißen: der ›rote Löwe‹, sein Wundermittel, war eine Art Grundsubstanz, die er zur Herstellung seiner Medikamente benützte. Gleichzeitig verwendete er es, vor allem bei Patienten mit Nervenleiden, speziell mit Lähmungen, als Stärkungsmittel – pur in etwas Wein oder Tee aufgelöst.

Anonymer Holzschnitt von 1550: Darstellung verschiedener Krankenbehandlungen, darunter auch ein Zahnarzt

Es wäre müßig, diesem ›Wundermittel‹ nachzujagen. Das ist bislang schon genug getan worden – ohne jeden Erfolg. Vermutlich war der ›rote Löwe‹, ähnlich wie seine Laudanum-Pillen, die er ebenfalls ständig bei sich führte, ein harmloses Aufbaumittel, vergleichbar modernen Vitamin- und Enzympräparaten: Mit Hilfe des ›Wundermittels‹ konnte er Mangelerscheinungen beseitigen. Nicht mehr und nicht weniger.

Es ist nicht anzunehmen, daß Paracelsus den ›Stein der Weisen‹ besaß, ein Allheilmittel, das seit Jahrtausenden die Mediziner in ähnlicher Weise beschäftigte wie das ›perpetuum mobile‹ die Techniker. Als kundiger Arzt mußte er wissen, daß es ein Allheilmittel gegen jede Form der Erkrankung einfach nicht geben kann. Paracelsus hatte zwar schon bei seinem Vater gelernt, wie man das ›flüssige Gold‹ herstellt. Und offensichtlich hielt er viel von Gold als Heilmittel. Auf der anderen Seite war ihm aber auch der ›Placeboeffekt‹ nicht unbekannt. Er hatte es wohl hundertfach erlebt, daß ein Patient nur deshalb gesund wurde, weil er an eine ›Wundermedizin‹ glaubte.

Wer zweifelt, fällt in Verzweiflung

Wohl nicht zuletzt deswegen – das klingt viel glaubwürdiger – umgab sich Paracelsus mit dem Ruch des Geheimnisvollen und setzte diese Macht, die bei den Patienten unvorstellbare Erwartungen auslöste, als Heilkraft ein. In derselben Zeit nämlich, in der sein Ruf als ›Schwarzmagier‹, als Zauberer immer lauter wurde, in den letzten Jahren seiner Wanderschaft, befaßte er sich sehr intensiv mit den ›unsichtbaren Krankheiten‹, mit psychischen Leiden. Er schrieb darüber, suchte ihre Ursachen zu ergründen und neue Heilweisen für sie zu entdecken. Dabei wurde für ihn immer klarer, welche verhängnisvolle Rolle die Angst vor Hölle, Tod und Teufel, Aberglauben und sexuelle Probleme und dergleichen bei der Entstehung solcher Krankheiten spielten. Er hatte auch erfahren, daß Hoffnungen und Einbildungen mitunter ganz vorzügliche Heilmittel sein können. Vermutlich spielten die psychischen Krankheiten für ihn nicht zuletzt deshalb eine so große Rolle, weil er als Kind schon die entsetzliche Erkrankung der Mutter miterlebt hatte.

Um das Jahr 1530 schrieb Paracelsus folgende Sätze: »Um von den Krankheiten zu sprechen, die aus der Verzweiflung entstehen, die so zahlreich, vielgestaltig und verschieden ausgeprägt sind, daß man sie nur schwer erkennen kann – es sei denn, es gäbe einen äußeren Anlaß für sie, so daß man weiß, woher sie kommen: Gott hat einem jeden sein Gewissen gegeben als sein persönliches Eigentum. Darin besitzt der Mensch alles, was ein Mensch haben soll an Vernunft, Weisheit und dergleichen, an Frömmigkeit, Redlichkeit und dergleichen. Damit sollte sich der Mensch nun begnügen und nicht weiterforschen und fragen. Wer damit aber nicht zufrieden ist, sondern Besseres und anderes sein möchte, der fängt an zu zweifeln – und fällt schließlich in Verzweiflung. Er wird mit sich selbst uneins. In dieser Situation der inneren Zerrissenheit ist er unterworfen allen Geistern und satanischen Gespenstern, allen fliegenden Phantasien (Wahnvorstellungen) und allen leichtfertigen Dingen. Und er wird diesen Wahnvorstellungen immer ähnlicher. Das ist eine schwere und schlimme Krankheit, die lange dauert. Die Kranken enden auf die merkwürdigsten Todesarten oder siechen elend dahin. Denn sie wandeln nicht auf dem Weg Gottes, der ihnen vorgezeichnet war.«

Ein Paracelsus-Interpret unserer Tage nennt diese Darstellung ›eine der frühesten Dokumentationen zur Geschichte der Psychiatrie und Psychopathologie‹.

Paracelsus macht hier bereits einen deutlichen Unterschied zwischen ›Verstimmungen‹, die eine äußere Ursache haben, wie etwa Depressionen, erwachsen aus bedrohlichen, verzweifelten Lebensumständen – die Mutter, die außer sich gerät, weil sie ihr Kind verloren hat oder weil sie von ihrem Partner verlassen wurde; der Mann, der unter den Schuldenlasten zu ersticken droht – und den Betrübnissen, die keinen sichtbaren äußeren Anlaß brauchen, den sogenannten ›endogenen Depressionen‹. Für beide findet er den eigentlichen Grund in der inneren Zerrissenheit, im übermächtig gewordenen Wunsch, mehr oder anders zu sein, als man den natürlichen Anlagen nach ist.

Versteht man den Begriff Gewissen nicht nur als inneres religiöses Gesetz, das einem sagt, was Recht und Unrecht ist, sondern als Wissen um den Standpunkt im Leben, als Leitlinie zur Selbstverwirklichung, als – wie Paracelsus es ausdrückt – Form der Persönlichkeit, gebildet von Wissen, Vernunft und den ethischen Grundlagen, dann stößt man hier wohl auf die eigentliche Ursache aller Krankheiten überhaupt, nicht nur der psychischen Leiden.

Die drei ›Substanzen‹ des Lebens

Paracelsus sieht die Gefahr zur Zerrissenheit in der dreifachen Natur, die allem, was auf Erden sichtbar existiert, zu eigen ist, beim Menschen aber zum Problem wird. »Der Mensch ist zusammengesetzt aus drei Substanzen. Diese drei machen den ganzen Menschen aus – und durch alle drei wird er erst zum Menschen. Der Leib ist nichts als ein Sulphur, ein Mercurius, ein Sal. In diesen drei Dingen steht seine Gesundheit, seine Krankheit und alles, was ihn ankommt. Solange die drei einig sind und nicht getrennt, steht es gut um die Gesundheit. Wo sie sich aber trennen, das heißt, sich zerteilen, sündigen, da wird das eine faul, das andere brennt, das dritte verflüchtigt sich. Das aber sind die Anfänge der Krankheiten. Wenn also ein einziger Corpus weiterexistiert, kommt es zu keiner Krankheit. Wo das aber nicht der Fall ist, sondern eine Spaltung auftritt, beginnt das Leiden.«

An anderer Stelle erklärt Paracelsus diese Darlegungen mit einem bildhaften Vergleich: »Nehmt ein Stück Holz und zündet es an. Seht ihr, wie es sich in seine Grundbestandteile zerlegt? Asche (er nennt sie Sal = Salz). Sie ist das Material, die stoffliche Grundlage, die einst die Hülle bildete. Der Rauch (er nennt ihn Mercurius = Quecksilber). Er ist der

Geist, der in der Form lebte und ihr Gestalt verlieh. Feuer (er nennt es Sulphur = Schwefel). Es ist der Lebensfunke, die Energie, die alles zusammenhielt und beseelte.

Genauso müßt ihr euch den Menschen vorstellen. Er besteht aus dem Leib. Der ist viehisch, nicht mehr als die Form. In ihm lebt das Feuer, die Lebensenergie. Die eigentlich bestimmende Kraft ist aber der Geist.«

Materie, Energie und Geist – das also ist der Dreiklang, der harmonisch klingen muß, wollen wir gesund sein. Alle drei können erkranken, sobald ihre Harmonie gestört ist: Der Körper fault, die Energie, die Seele brennt (Fieber), der Geist, das Bewußtsein, verflüchtigt sich und geht verloren (Irrsinn).

Damit ist Paracelsus wieder bei seinem Lieblingsthema: Die eigentliche Grundursache für alle Krankheiten ist die falsche geistige Einstellung zum Leben, zur Schöpfung, zu Gott.

»Denn also entspringen die Krankheiten, wie Luzifer im Himmel, aus der eigenen Hoffart. Der Mercurius erhebt sich aus seiner Verbindung (wie der Duft aus dem Parfum). Er ist dann groß und wunderbar, gewiß. Denn Gott hat ihn über alle Wunder ausgestattet. Sobald er aber aufsteigt und nicht dort bleibt, wo er hingehört, beginnt die ›Discordanz‹, der Mißklang zwischen ihm, dem Sulphur und dem Sal.

Körperlich wirkt sich das dann so aus: Wo die Hoffart zu Hause ist, da nagt und frißt sie. Aus diesem Nagen und Fressen entspringen die Magengeschwüre, Krebs, Geschwulste. Die seelische Auswirkung: Das gestörte Sulphur bringt den Leib zum Schmelzen wie die Sonne den Schnee (damit ist gemeint: es bricht Fieber aus). Die Auswirkungen auf den Geist: Er versteigt sich in schwindelnde Höhen und verflattert. Das kann zum jähen Tod führen.«

Damit erklärt Paracelsus, warum die ›unvernünftige Kreatur‹, Pflanzen und Tiere, abgesehen von Mangelerkrankungen, Umwelteinflüssen und Vergiftungen, so gesund leben und so viel seltener einen Arzt brauchen, solange sie ihrer Natur entsprechend leben dürfen: Ihr Geist kann sich nicht in ›Hoffart‹ aus der Verbindung mit Leib und Seele lösen, weil dieser sich unbewußte Geist keine freie Entscheidungsmöglichkeit besitzt und sich deshalb nicht gegen die natürlichen Anlagen und Bestimmungen richten kann. Die große Disharmonie zwischen den drei ›Grundsubstanzen‹ Materie, Energie, Geist ist nur beim Menschen möglich. Nur er kann sich selbst krank machen.

Faßt man den Begriff Hoffart wiederum nicht in der gängigen Weise als Eitelkeit und galantes Auftreten auf, sondern als hochmütige Verfälschung der eigenen Art, als zwanghaften Versuch, mehr und anders zu sein, als man ist – das war doch der Punkt, der Luzifer, dem höchsten aller Engel im Himmel, zum Verhängnis wurde: Er wollte sein wie Gott, nicht mehr er selbst – dann kann man sich kaum eine bessere, deutlichere und modernere Erklärung der Entstehung von Krankheiten vorstellen.

Aber wo bleibt die Heilung?

Wenn heute so viel und so heftig darüber diskutiert wird, ob Krebs psychisch bedingt sein könnte, ob ein schwerer Schicksalsschlag, ein nichtverkraftetes Leid oder auch übermäßiger Streß die Gesundheit ruinieren können, wenn in unseren Tagen trotz genialer Ärzte und trotz geradezu fantastischer Medikamente, trotz immer noch gewaltiger und perfekter gebauter Krankenhäuser die Menschen immer noch kränker werden, dann haben wir wohl diese Einsicht des Paracelsus übersehen.

Der Berliner Arzt Professor Rudolf Virchow (1821 bis 1902), einer der bedeutendsten Mediziner der neueren Zeit überhaupt, urteilte einmal über Paracelsus: »Er war ein Scharlatan. Allerdings versetzte er der alten Medizin den Todesstoß und schenkte der Wissenschaft die Idee des Lebens.«

Wie hätte ein Mann wie Virchow anders urteilen können? Für ihn gab es keine Seele, keine psychischen Ursachen für körperliche Leiden. Wurde der Magen krank, dann nur deshalb, weil zuviel oder zuwenig Magensäfte vorhanden waren. Man brauchte diese also nur zu regulieren. Ein rein chemischer Vorgang. Ebenso beim Krebs. Wenn er heranwuchs, dann hatte sich wiederum ein biochemisch erklärbarer Fehler eingeschlichen. Es genügte deshalb, die Geschwulst wegzuschneiden oder wegzubrennen, damit war der Patient wieder gesund.

Diese Denkweise ist für die Entwicklung der Medizin in den letzten eineinhalb Jahrhunderten verhängnisvoll geworden. Die Ärzte entwickelten hohe chirurgische Fertigkeiten und bekamen wunderbare technische Möglichkeiten zur Verfügung gestellt. Sie lernten, mit Röntgenstrahlen in den Körper hineinzusehen. Sie entdeckten die Krankheitserreger und schufen Impfstoffe als Vorbeugung gegen die Infektionskrankheiten. Schließlich entdeckten sie auch noch ›Heilmittel‹ zur Vernichtung von Bakterien und Pilzen. Mehr und mehr schien es so, als wäre alles in der Medizin machbar geworden.

Nur eines konnten die Jünger Virchows bis heute nicht erklären: Wie kommt es eigentlich, daß Warzen über Nacht verschwinden – vorausgesetzt, der Patient glaubt daran? Ohne jedes Medikament? Und das, obwohl Warzen als Folge einer Virusinfektion entstehen? Wieso kann ein Scheinmedikament, ein sogenanntes Placebo, heilen? Es enthält doch überhaupt keine Wirkstoffe, sondern nur gefärbten Zucker?

In der Medizin ist in der Tat nahezu alles machbar geworden – von der Herztransplantation bis zur Ausrottung der Pocken.

Aber: Haben die Ärzte nicht eines völlig aus den Augen verloren, das allerwichtigste nämlich – die Heilung? Millionen werden alljährlich dank ärztlicher Kunst vor dem Tod gerettet. Aber werden sie auch gesund gemacht? Die Lebenserwartung der Menschen in zivilisierten Ländern konnte auf geradezu sensationelle Weise ausgedehnt werden. Aber ist es auch vielfach ein lebenswertes Leben, das den Leuten geschenkt wird – oder doch nur ein nicht gerade erstrebenswertes Dahinsiechen, mitunter auch nur ein Vegetieren, das man deshalb eigentlich gar nicht mehr als Leben bezeichnen kann?

Gewiß, geniale Ärzte wie Sigmund Freud (1856 bis 1939) haben die Seele wiederentdeckt und ein weiteres, kaum mehr übersehbares Feld der Psychotherapie, der Psychoanalyse und der Psychiatrie auf- und ausgebaut. Nur – verstehen sie denn zu heilen? Oder bleiben nicht auch sie viel zu sehr nur auf eine der drei ›Grundsubstanzen‹ beschränkt, ohne daran zu denken, daß nur der wirklich gesund sein kann, der alle drei, Körper, Seele und Geist, in ausgewogener Harmonie zu halten vermag?

Für Paracelsus gab es nur eine einzige Voraussetzung für die Gesundheit – die innere Harmonie, das Einssein mit sich selbst. Entsprechend konnte es auch nur eine einzige, eigentliche Krankheitsursache geben – die innere Disharmonie. Alle anderen sichtbaren, ergründbaren Krankheitsursachen waren für ihn sekundär. Sie konnten sich nur entfalten auf dem Boden der inneren Zerrissenheit. Wenn er sagte, die Pest könnte sich nur ausbreiten, weil die Seelen der Menschen vergiftet wären, dann ist genau das damit gemeint. Selbstverständlich gibt es eine direkte Ursache für die Krankheit – die Leute haben sich angesteckt.

Allerdings – nicht alle, die mit den Krankheitserregern in Berührung kamen, wurden auch krank, sondern nur jene, deren Abwehrsystem dem Angriff nicht gewachsen war.

Das kann man aber nachweisen: Innere Unruhe und Zerrissenheit, seelische Belastungen können dieses Abwehrsystem lahmlegen.

Die Enttäuschung von St. Gallen

Paracelsus setzte seinen Weg von Ingolstadt aus fort. In Augsburg fand er in Heinrich Stainer einen Drucker, der endlich an einer Drucklegung seiner Schriften interessiert war. Doch die Verhandlungen mit ihm zogen sich hin. Vermutlich fehlte es am nötigen Geld. Jedenfalls verlor Paracelsus die Geduld und zog weiter in seine Heimat, die Schweiz. Im Frühjahr 1531 traf er in St. Gallen ein, von neuen, großen Hoffnungen erfüllt. Der Bürgermeister von

St. Gallen war sein alter Freund und Gönner, sein einstmals erster Hochschullehrer, Professor Joachim Vadianus. Zu ihm hatte der Vater Wilhelm von Hohenheim vor zwanzig Jahren den Sohn Theophrast von Villach aus an die Universität von Wien geschickt. Vadianus genoß als Humanist seinerzeit einen fast ebenso großen Ruf wie Erasmus von Rotterdam.

Von der neuerlichen Begegnung in St. Gallen versprach sich Paracelsus ganz bestimmt sehr viel. Er widmete seinem einstigen Lehrer seine gerade fertiggestellte Schrift ›Paramirum‹. Würde er endlich, unter dem Schutz des Bürgermeisters, frei und unbehindert als Arzt tätig sein dürfen?

Nein. Joachim Vadianus war kein Hochschullehrer mehr, sondern Amtsperson. Außerdem hatte sich dieser Mann völlig verändert. Unter dem Einfluß seines Freundes Zwingli war zu einem recht fanatischen Reformator geworden, der kaum mehr etwas anderes kannte als die Verkündung seiner neuen Religion.

Vielleicht hätte der Bürgermeister den Arzt Paracelsus dulden können. Der strenge Reformator mußte Paracelsus, den Verfasser religiöser Schriften, entschieden ablehnen. Was dieser Mann behauptete, das war in seinen Augen schlimmste Ketzerei und dazu angetan, die Bürger von St. Gallen durcheinanderzubringen.

Kurz – Joachim Vadianus ließ Paracelsus wissen: »Mit mir darfst du nicht rechnen. Ich werde dir in keiner Weise helfen. Versuche nicht, dich auf die Freundschaft vergangener Zeiten zu berufen. Diese Zeiten sind vorbei.«

Im Leben des Theophrast von Hohenheim reihte sich eine Enttäuschung an die andere. Die von St. Gallen gehörte ganz sicher zu den schlimmsten, die er hinnehmen mußte. In seinen künftigen Schriften sollte das spürbar werden. Im Gegensatz zu seiner eigenen Lehre von der Kraft der Hoffnung und der Notwendigkeit der inneren Harmonie gab er sich, mutlos geworden, mehr und mehr der Resignation hin: »Alles, was wir auf Erden tun, ist nichts als Trübsal. Was haben wir denn vom Tanzen, Springen, Singen, Musizieren, Prassen und Saufen? Es bleibt nichts als Elend, unbarmherziges Schicksal, eingebettet in Trübsal. Wer ist sich im Tanzen seines Lebens sicher? Wer kann sich beim Prassen auf seine Gesundheit verlassen? Wem bliebe sie erhalten? Von wem würde sie nicht weichen? Darum ist unser Leben nichts als eine einzige große Trübsal. Trübsal ist alles, was wir sind und tun... Nichts ist auf Erden, wenn wir es recht betrachten, was uns erfreuen könnte. Alles ist voller Elend und Traurigkeit. Wohin man sieht, nichts als Armut, Feindschaft, Widerwärtigkeiten, Hoffart, Übermut, Betrug, Falschheit, Lüge und so fort...«

Das sind bei Paracelsus bisher unbekannte Töne: Dieser Mann erwartet nichts mehr von seinem Leben. Er scheint auch nicht mehr an seine Sendung, an sein großes Werk zu glauben.

Was man denkt, wird leibhaftig

Noch einmal versuchte er sich aufzubäumen. Er widmete sich erneut, diesmal fast ausschließlich, religiösen Schriften. Er wollte aufzeigen, daß die Seele des Menschen unsterblich ist und ein gesundes, rechtes Leben erst im wahren Glauben an Gott möglich wird.

»Für die menschliche Vernunft, die dem irdischen Menschen entstammt, sind die ewigen Dinge unergründlich. Der Mensch kann aus sich heraus die Kräfte des Glaubens nicht ergründen, deshalb müssen sie auf die Lehre Christi gegründet werden. Unsere Stärke liegt im Glauben, nicht in der Phanatasie. Viele meinen, den Glauben zu haben. Doch es heißt in der Bibel: ›Die Zeichen derer, die glauben, sind: In meinem Namen werden sie Teufel austreiben, mit neuen Zungen reden; wenn sie etwas Tödliches trinken, wird es ihnen nicht schaden. Kranken werden sie die Hände auflegen und sie auf diese Weise heilen.‹.... Der Glaube ist ein Geist, der alle Geister überwindet. Er wirkt auf zweierlei Weise – in guten Menschen bewirkt er Gutes, in bösen Böses. Selbst der Teufel hat seine Stärke aus dem Glauben, den er zu bösen Zwecken mißbraucht. Wir dürfen niemals den Glauben zu etwas mißbrauchen, wozu er uns nicht gegeben ist... Aus dem Mißbrauch des Glaubens entstehen Aberglaube und Zauberei... Der Glaube kann krank machen. Er kann auch heilen. Wir schaffen durch ihn einen Geist, der ohne Hände und Füße alles vollbringen kann, was ein Mensch zu leisten imstande ist. Durch die Kraft des Glaubens kann auch alles, was in der Natur existiert und möglich ist, bewirkt werden. Durch den Glauben werden wir gleich den Geistern, denen es möglich ist, unsichtbar alles zu tun, was der Mensch sichtbar tut.«

Um das richtig zu verstehen, muß man sich erneut in die Geisteswelt des Mittelalters zurückversetzen. Man muß bedenken, daß zur Zeit des Paracelsus die schlimme Epoche der Hexenverfolgungen in den grausamsten Auswüchsen noch bevorstand. Erst hundert Jahre später wird sie voll wüten, um bis ins achtzehnte Jahrhundert anzudauern.

Für Paracelsus und seine Zeitgenossen war die Vorstellung ganz selbstverständlich, daß die Erde erfüllt ist mit guten und mit bösen Geistern, die massiv in das Leben der Menschen eingreifen können. Paracelsus meinte einmal, wir würden die Allmacht Gottes doch beträchtlich schmälern, wollten wir annehmen, er hätte uns Menschen als einzige vernunftbegabte Wesen geschaffen. Nein, wir seien lediglich die einzigen in der sichtbaren Welt. Die einzigen, die einen sichtbaren Körper haben. Die Erfahrung lehre aber, daß die unsichtbare Welt mit vielen verschiedenen Arten von Geistern erfüllt sein müßte. Das stimme auch überein mit der Heiligen Schrift, in der von Engeln, Mächten, Thronen und Gewalten die Rede ist.

Geister also, von Gott geschaffen – den Menschen zur Hilfe und zur Prüfung. Engel und Teufel in einer gewaltigen Hierarchie unterschiedlicher Mächtigkeit.

Daneben glaubte man in jener Zeit – ebenso selbstverständlich – an die Geister der Verstorbenen, an die ›armen Seelen‹, die keine Ruhe finden können, denen der Mensch durch Gebete helfen kann, die ihrerseits aber auch den Lebenden hilfreich zur Seite stehen können.

Nun spricht Paracelsus aber noch von einer dritten Art von Geistern. Von jenen nämlich, die der Mensch selbst hervorbringt. Auch sie können, seiner Meinung nach, vielgestaltiger Art sein.

Um nur ein Beispiel zu nennen – das Vergeuden des männlichen Samens galt seit jeher als besonders schwere Sünde. Warum? Weil man glaubte, aus dem Samen wächst, fällt er auf fruchtbaren Boden, ein böser Geist heran – vielleicht sogar mehrere. Wer sündigte, schuf damit also armselige Geister, die nicht zum Menschen werden durften und fortan den Sündern und andere schädigen konnten.

Doch eine andere, von Menschen geschaffene Art von Geistern interessierte Paracelsus sehr viel mehr: Jedes Wort, jeder Gedanke, jede Regung, so sagte er, kann zu einem selbständigen Wesen werden, das existent bleibt, seine Macht und Wirkung besitzt. Alles, was der Geist sich lebhaft vorstellt, was im Gemüt heranwächst, wird zu einer selbständigen Wesenheit. Jeder flüchtige Gedanke ist wie ein Samen. Je mehr er uns beschäftigt, wir darüber ›brüten‹, desto leibhaftiger nimmt er Gestalt an. Schließlich beginnt er zu leben, wenn er vom starken Wunsch ›beseelt‹ wird.

Solche ›selbstfabrizierten Geister‹, meint Paracelsus, können nun von einem Menschen Besitz ergreifen, entweder vom ›Schöpfer‹ selbst oder von einem anderen, denen sie zugedacht sind. Sie können helfen oder schaden. »Der vergiftete Organismus vergewaltigt die ›Sterne in uns‹. Sie müssen ihm gehorchen. Der Neid etwa überwindet den Saturn, so daß es zum Charakter des Menschen wird, andere betrügen zu müssen. Er gewöhnt den Saturn daran, ihm bei den Betrügereien hilfreich zu sein. So wird der ganze Mensch zum Betrüger. Er betrügt, weil er seiner veränderten Natur folgt ... Der göttliche Geist im Menschen ist über solche ›Besitznahme‹ erhaben. Ebenso ein im wahren Geist gefestigter Mensch. Aber im sterblichen Wesen des Menschen können verschiedene Geister, sowohl gute als auch böse, heranwachsen. Auf diese Weise wird einer zum Frommen, ein anderer zum Gelehrten, ein dritter zum Redner, zum

Dieb, zum Betrüger. Der Mensch selbst wird zu einem solchen Geist, insofern er sich von ihm besitzen läßt. Die selbstgeschaffenen Geister, die ›Corpora spiritualia‹, können sich also einen Körper, einen Leib aneignen ...«

Das ist im Grunde nichts anderes als das, was moderne Forscher, wie der Berliner Nervenarzt und Begründer des ›autogenen Trainings‹, Professor Dr. J. H. Schultz (1884 bis 1970), behaupten: »Jede konkrete Vorstellung hat die Tendenz, sich zu verwirklichen.«

Der französische Apotheker Emile Cou (1857 bis 1926) forderte vor rund hundert Jahren im selben Sinne die Patienten auf, sich die Gesundheit bildlich vorzustellen und die Heilung ›herbeizudenken‹. Und er versuchte, den ›Mechanismus‹ dieser Heilkraft so zu erklären: »Hat das Unbewußte einmal den Gedanken ›Die Geschwulst soll verschwinden‹ in sich aufgenommen, dann ergeht automatisch der Befehl an die Blutgefäße, die die Geschwulst ernähren, sich zusammenzuziehen. Das geschieht dann auch. Die Arterien blokkieren die Geschwulst. Wegen der unterbundenen Nahrungszufuhr stirbt sie ab, trocknet ein und verschwindet.«

Aus solchen Überlegungen heraus veranlaßte der Apotheker seine Patienten, sich selbst die Gesundheit ›einzureden‹: »Es geht mir von Tag zu Tag besser ... Ich werde täglich stärker und gesünder ... «

Wie man weiß, funktioniert das tatsächlich. Die Grundlagen für Selbstsuggestion und autogenes Training sind aber tatsächlich schon bei Paracelsus zu finden.

Erst wenn man diese Zusammenhänge kennt, versteht man das uralte Gebot: »Du sollst nicht fluchen!« Damit war ja nicht gemeint, man müsse sich davor hüten, im Augenblick großer Wut einen deftigen Kraftausdruck zu benützen. Nein, es war die Warnung vor Verwünschungen, wie sie manche Kraftausdrücke noch andeuten, ohne daß man sich dessen noch recht bewußt wäre: »Gott verdamm mich!« Oder: »Fahr zur Hölle. Der Teufel soll dich holen.« Die Alten wußten noch um die gewaltige Kraft von Neid, Haß, bösen Wünschen, die nicht so dahergesagt sind, sondern die die Seele beherrschen und sie nach und nach vergiften, die im Herzen heranwachsen und die vom dringenden Wunsch, es möge so sein, zum mächtigen ›Geist‹ beseelt werden. Die wußten, daß man den Teufel ›nicht an die Wand malen‹ darf, weil sonst die Gefahr besteht, daß er leibhaftig daherkommt. Sie waren überzeugt davon, daß dann, wenn die Gedanken immer nur um eine und dieselbe Angst kreisen, diese Angst letztlich begründet sein wird: Wer fürchtet, er könnte krank werden, er könnte sich anstecken, der ist schon halb krank – und wird es bald ganz sein. Aber das galt auch umgekehrt: Der Segenswunsch war mehr als eine leere Floskel. Man glaubte daran, daß man sich selbst und anderen Gutes antun kann, ohne auch nur einen Finger zu rühren. Es war lediglich nötig, sich das Gute bildhaft vorzustellen und es so sehr von Herzen zu wünschen, bis es ›leibhaftig‹ geworden ist. Vom ersten herzlichen ›Guten Morgen!‹ bis zum letzten ›Gute Nacht!‹ wurde ein Wunsch an den anderen gereiht. Ihn sprach man aber nicht nur gedankenlos so dahin. Damit hätte er ja nicht lebendig werden können. Er wäre verkümmert, vertrocknet wie ein Same, der auf steinigen Boden fällt. Nein. Man sprach es mit dem Herzen. Ein Segenswunsch wurde zur Triebkraft für den anderen – bis, im Idealfall, der Wünschende selbst zum Segenswunsch geworden war, zu einem Menschen, in dessen Nähe sich jeder andere einfach wohl fühlen mußte, weil von ihm eine so heilsame, gute Ausstrahlung ausging.

Das ist Lebenskunst im Sinne von Paracelsus – und wahre christliche Solidarität.

Der ›Bescheidene‹ wird nicht geheilt

Diese Kraft, die ›Berge versetzen kann‹, stellte er der Mahnung der Kirchen und Sekten entgegen: »Seid bescheiden! Begnügt euch mit dem, was euch gegeben wurde! Verzichtet! Es ist ein Frevel, große Wünsche zu hegen. Außerdem mußt du doch froh sein, wenn du arm bist und Gott dich prüft. Denn die Reichen und jene, die es sich im Leben gutgehen lassen, haben es sehr schwer, in den Himmel zu kommen. Eher geht ein Kamel durch ein Nadelöhr. Selig dagegen die Trauernden, selig, die hungern und dürsten nach Gerechtigkeit, selig die Verfolgung leiden um der Gerechtigkeit willen – ihrer ist das Himmelreich!«

Paracelsus sah in einer solchen Auslegung der Bergpredigt eine verhängnisvolle Verdrehung der Lehre Christi, eine geradezu teuflische Hinführung zur Resignation, zur Erbärmlichkeit, zum Mißerfolg – und damit auch zur Krankheit.

Den Predigern, die sich seiner Meinung nach an der menschlichen Natur versündigten, hielt er entgegen: Jesus hat nicht jene geheilt, die sich verschüchtert, bescheiden, still versteckt haben, weil sie sich scheuten, den Herrn mit ihren Anliegen zu belästigen. Er machte den Mutigen gesund, den Forschen, der sich nach vorn drängte und lauter schrie als die anderen. Jenen, der die Hoffnung auf Heilung und Besserung nicht aufgegeben hatte und daran glaubte, daß ihm Hilfe zuteil wird. »Dein Glaube hat dich geheilt!« So sagt zu ihm der Herr. Und er meint nicht den Glauben daran, daß Christus der Messias ist, sondern den Glauben an die Möglichkeit des Wunders. Der Glaube, daß eine Vorstellung lebendig und damit zur Wirklichkeit werden kann.

Das ist das Glaubensbekenntnis des Paracelsus: Jeder Mensch muß ein klares Ziel vor Augen haben. Dieses Ziel muß er sich immer klarer vorstellen, ausmalen, in seinem Geist Gestalt annehmen lassen, bis es langsam herangewachsen ist. Dann braucht er nur noch den festen Wunsch, das Ziel möge zu leben beginnen, Wirklichkeit werden. Schon ist der ›Traum‹ Tatsache.

Das ist allerdings etwas ganz anderes als die verbissene, mit Sorgen und falschem Ehrgeiz verbundene Jagd nach einer Sache, von der man vielleicht nicht einmal eine genaue Vorstellung hat. Es ist nicht der Wille gefragt, sondern der Glaube. Das eine verkrampft, das andere befreit.

Gewiß, selig die Trauernden – aber nur, wenn die Trauer nicht in Verzweiflung, Gefühllosigkeit oder Stumpfsinn endet. Selig, die ungerecht behandelt werden – aber ganz bestimmt nicht, wenn sie in Verbitterung erstarren und sich in Haß verzehren. »Sorgt euch nicht ängstlich um das, was morgen sein könnte. Der morgige Tag wird für sich selbst sorgen. Genug, daß jeder Tag seine eigene Plage hat« (Matth. 5,34). Nicht das Wünschen ist falsch, sondern das falsche, ziellose Wünschen, das mit Unverständnis und Neid verbundene – warum der und nicht ich? Der Wunsch muß mit dem großen Lebensziel in Einklang stehen.

Mit solchen Schriftauslegungen ist Paracelsus zwischen die beiden Blöcke katholische Kirche und Protestantismus geraten. Beide mußten sich angegriffen fühlen, getadelt, verfälscht. Paracelsus, der ihnen so weit voraus war, brachte ihnen zu viel ›Magisches‹ in den Glauben. Außerdem, so meinten sie, wäre seine Lehre dazu angetan, die Menschen aufzuwiegeln und ihre Unzufriedenheit zu steigern. Autorität und Ordnung waren in Gefahr.

Die eigentliche Tragik im Leben des Theophrast von Hohenheim war wohl, daß er selbst das, was er als richtig erkannt hatte und deshalb lehrte, nicht zu leben vermochte. Er hatte sich sein klares Ziel gesetzt: Er wollte die Medizin ›reformieren‹. Das ist ihm auch gelungen. Daneben aber verzehrte er sich in Ungeduld, in Haß und Zorn gegen Dummheit und Borniertheit, die sich ihm in den Weg stellten. Und dieser ›böse Geist‹, das ist an den rund zweihundert Darstellungen, die es von ihm gibt, unverkennbar abzulesen, der wuchs in ihm leibhaftig heran, bis er selbst nur noch aus Verbitterung und Resignation bestand. Paracelsus sah mit vierzig Jahren aus wie ein Greis. Seine Augen blickten traurig, fast böse. Der Mund wirkte verkniffen, die dünnen Lippen waren herabgezogen.

Weg von der zivilisierten Welt

Die bittere Enttäuschung von St. Gallen muß in Paracelsus so etwas wie den ›Albert-Schweitzer-Effekt‹ ausgelöst haben: Er wollte der ›zivilisierten Welt‹ den Rücken kehren und nur

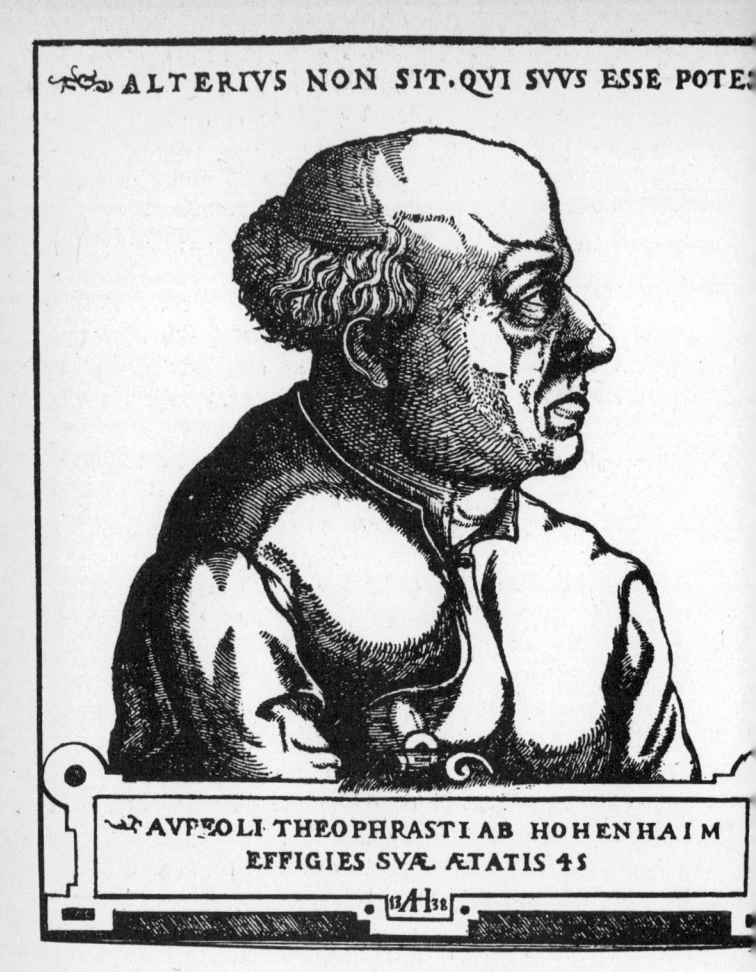

Paracelsus im Alter von 45 Jahren; Kupferstich 1538

noch Arzt sein – bei den Ärmsten der Armen, aus christlicher Nächstenliebe. Paracelsus wanderte zu den Bergbauern im Appenzeller Land, um den »gemeinen, ungelehrten Christen in Alpen oder groben Dörfern« als Arzt und Seelsorger beizustehen. Und dort befaßte er sich nicht mehr mit großen Theorien, sondern mit praktischer Alltagsarbeit: Wie behandelt man Krankheiten, die aus Mangel an ausgewogener Nahrung entstehen? Was kann man gegen die Unterernährung tun? Wie lassen sich Erfrierungen heilen?

Vor solchen konkreten Fragen wurde sich der gelehrte Doktor voll seiner Unwissenheit bewußt. Er schrieb beispielsweise: »Ich habe große Nachforschungen darüber angestellt, warum es hier zu so vielen Erfrierungen von Gliedmaßen kommt und was dagegen helfen könnte. Täglich kann man ihnen begegnen. Doch weder Ärzte noch andere Heilkundige vermochten mir eine zufriedenstellende Auskunft zu geben oder ein wirksames Mittel zu verraten.«

Man muß sich vorstellen, daß Paracelsus etwa zwei Jahre lang kreuz und quer durch die Bergtäler gewandert und bis zu den abgelegensten Almen hochgestiegen ist, um dort für ein Stück Käse und ein Glas Milch zu heilen und den Leuten ›sein‹ Evangelium zu verkünden. Er stieß in diesen Monaten auch auf die Anhänger der schwärmerischen Täuferbewegung, die sich vor den blutigen Verfolgungen in die Berge zurückgezogen hatten – Menschen, die in Trance und Taumel die Begegnung mit Gott suchten. Sie predigten, wenn es sie ›überkam‹, wenn sie in Verzückung gerieten, und suchten, ähnlich modernen Strömungen, das Heil in der Meditation.

Alles ist natürlich zu erklären

Ihnen wie den Gläubigen der katholischen und der protestantischen Kirche hielt Paracelsus vor: »Gott hat uns seine wunderbare Größe im Licht der Natur offenbart. Sie öffnet uns die Augen. Nichts ist ohne Materie. Gott selbst hat die Materie geschaffen, und auch er ist in Christus Natur geworden.

So müssen wir das sehen: Der Mensch bekommt seinen Leib durch das Essen. Die Nahrung ist zuvor ja kein Mensch gewesen. Erst wenn der Mensch sie aufnimmt und verdaut, wird die Nahrung zum Menschen. Wer krank ist und ein Mittel einnimmt, der gewinnt seine eigene Kraft gegen die Krankheit aus dem Mittel. Auch das Mittel ist zuvor kein Mittel gewesen. Der Mensch erst hat es in ein Mittel verwandelt am Ort, an dem die Krankheit sitzt. Es wird zur Kraft gegen den Krankheitsherd und heilt.

Das aber sind die Sakramente Gottes, in Adams Adern schon hineingelegt. Es sind die Sakramente des Alten Bundes und des alten Menschen, den Gott aus einem Klumpen Erde geschaffen und in das ›fiat‹ der Welt, in das ›es werde‹ gesetzt hat.

Gott hat sein Wesen selbst in Adams Adern eingehaucht. Dort ist es gebunden an den stofflich toten Lehm und wartet darauf, wieder gelöst zu werden. Durch Gottes Sohn sollte es wieder frei und erlöst werden.

Wenn also Gott das Wunder der Verdauung wirkt an Speis und Trank, desgleichen die Heilkunst im Lehmklumpen, also in der Materie – sollte er dann nicht auch Speis und Trank und Verdauung für den anderen Leib, sein eingehauchtes Wesen, zur Verfügung haben, deren Teil wir vom ersten Tag der Schöpfung an in uns tragen, unsichtbar, unbegreiflich, nicht zu hören, wohl aber zu vernehmen in des Glaubens Tiefe?

Gott hat sein ›fiat‹ gesprochen, wie Christus sein ›accipite‹ (nehmet hin) sprach und uns das Abendmahl seines Leibes und Blutes gab. Es ist etwas Natürliches, Körperliches, nicht anders als das tägliche Essen und Trinken für den alten Menschen, nicht anders als das Heilmittel für den Kranken. Christus hat einen Leib angenommen und den neuen Menschen daraus gemacht, in gleicher Weise, wie Gottvater den Lehmklumpen nahm, um Adam zu schaffen. Aus dem Lehm ist durch das ›fiat‹ der Leib und aus dem Leib durch das ›accipite‹ der neue Mensch mit ewigem Leben geworden. Auf der Erde fängt das Reich Gottes an, nicht im Himmel...«

Das ist, man könnte es nennen, die paracelsische Entmythologisierung: Alles ist Natur. Nicht der Geistliche verwandelt am Altar Brot und Wein in das Fleisch und Blut Christi, indem er die Wandlungsworte spricht, als handle es sich dabei um eine magische Formel – so lehrte und lehrt es die katholische Kirche. Brot und Wein sind aber auch nicht nur ein äußeres Zeichen, wie die Protestanten sagten. Wenn der Gläubige Brot und Wein im rechten Glauben ißt und trinkt, verwandeln sie sich im Körper in den göttlichen Leib, so wie jedes Essen und Trinken im Verdauungsprozeß zum Teil des menschlichen Körpers werden.

Als ›Pestarzt‹ in Tirol

Im Jahre 1533 hat Paracelsus seine ›Missionstätigkeit‹ im Appenzeller Land aufgegeben. Die Unruhe trieb ihn weiter. Vielleicht waren es auch nur der Hunger und die Notwendigkeit, doch mal wieder Geld zu verdienen und sich ein paar neue Kleider zu kaufen. Denn inzwischen kam er, man kann es sich leicht vorstellen, wirklich wie ein ›Waldesel aus Einsiedeln‹ daher – abgerissen, verlottert, verdreckt.

Da sich die Schreckensnachricht vom erneuten Aufflammen der Pest in Tirol verbreitete und die reichen Leute scharenweise dieses Land verließen, reiste er nach Innsbruck, um dort seine Dienste anzubieten. Schließlich besaß er in der Behandlung der Krankheit reiche Erfahrungen. Er hatte sich wenigstens drei-, viermal in pestverseuchten Städten aufgehalten. Die Innsbrucker, so scheint es, fürchteten den berühmt-berüchtigten ›Wunderarzt‹ mehr als die Pest. Sie ließen ihm erst gar nicht Zeit, sich häuslich einzurichten, sondern forderten ihn auf, postwendend die Stadt wieder zu verlassen und sich davonzumachen. Paracelsus wanderte über den Brenner nach Sterzing. Dort schrieb er ein Büchlein über die Pest und wie man sie behandeln kann. Er widmete die Schrift dem »ehrsamen und fürsichtigen und weisen Herrn und Rat der Stadt«. Der Bürgermeister von Sterzing mag sich vornehm gegeben haben, weise war er bestimmt nicht. Er sah sich den ›zerlumpten Vagabunden‹ an, hielt sich angewidert die Nase zu, wehrte entsetzt ab: »Entfernt diesen Menschen. Was könnte uns schon einer bringen, der so heruntergekommen und verwahrlost aussieht?« Paracelsus wurde aus der Stadt gewiesen. Erst zweiundvierzig Jahre später erschien die Schrift über die Pest in Straßburg im Druck.

Erfolgsautor und Prominentenarzt

Die ruhelose Reise des Paracelsus ging weiter – zuerst nach Meran. Dort erreichte ihn die Bitte des Fürstabtes Russinger vom Kloster in Bad Pfäffers. Der Auftrag lautete, Paracelsus möge, wie früher in badischen Kurorten, chemische Analysen der Heilquellen von Bad Pfäffers anfertigen. Der eigentliche Grund, weshalb er gerufen wurde, war jedoch die Krankheit des Abtes. Er hatte ein schlimmes Magenleiden und Nierensteine und erhoffte, nachdem bisher alle ärztlichen Bemühungen erfolglos geblieben waren, Hilfe vom ›Wunderdoktor‹.

Paracelsus löste beide Aufgaben – offensichtlich mit Bravour. Seine Aufzeichungen über die Heilquellen sind eine geradezu mustergültige Vorlage für die Balneologie geworden, eine Wissenschaft, die allerdings erst Jahrhunderte später geschaffen werden sollte.

Von Bad Pfäffers aus zog es Paracelsus wieder nordwärts. Er wanderte nach Ulm. Jetzt, inzwischen war das Jahr 1536 angebrochen, begann für ihn so etwas wie eine Erfolgsphase. Die Drucker rissen sich plötzlich um seine Schriften. Der Ulmer Verleger Varnier machte sich sofort an die Herausgabe der ›Großen Wundarznei‹. Es wurde ein besonders sorgfältig und aufwendig gemachtes Buch, ein, wir würden heute sagen, Bestseller. Nach wenigen Monaten war die erste Auflage vergriffen. Der Verleger mußte nachdrucken.

Paracelsus war aber schon weitergereist. Die Ulmer waren ihm zu langsam. Deshalb ging er nach Augsburg, zurück zu Heinrich Stainer, mit dem er vor Jahren ja schon einmal verhandelt hatte. Diesmal griff auch dieser Drucker ohne lange Überlegung zu. Er brachte das über fünfhundert Seiten starke Werk noch vor den Ulmern heraus.

Woher der plötzliche Sinneswandel? Wie ist der Erfolg der ›Großen Wundarznei‹, der über viele Jahrzehnte unvermindert andauert, überhaupt zu erklären?

Gewiß gab es nicht nur unter Ärzten und den vielen damals existierenden Berufen, die mit Krankheiten zu tun hatten, ein plötzlich erwachtes Interesse an handfestem Lehr- und Nachschlagmaterial. Dieses Werk war so etwas wie ein Handbuch – und zwar das einzige greifbare. In ihm ließ sich so ziemlich alles finden, von Hinweisen und Hilfen

Die Pest, Holzschnitt von Weidnitz, 1522

Chirurgische
Bücher vnd Schrifften/ deß
Edelen/ Hochgelehrten vnnd
Bewehrten PHILOSOPHI
vnd MEDICI,
PHILIPPI THEO-
PHRASTI Bombast/ von Hohenheim/
PARACELSI genannt:

Jetzt auffs New auß den Originalen/
vnd Theophrasti eygenen Handschrifften/ so
viel derselben zubekomen gewesen/ auffs trewlichst
vnd vleissigest wider an tag geben/

Auch vmb mehrer richtigkeit vnd Ordnung willen/
allen Leib vnd Wundärtzten/ wie auch Männiglichen/ zu
hohem Nutz vn Verstandt/ in vier vnderschiedliche Theil/
deren Begriff vnd Ordnung nach den Vorreden
zufinden/ verfasset:

Sambt einem Appendice etlicher nutzlicher Tra-
ctat/ vnd volkommen Registern.

Durch/
JOHANNEM HUSERUM BRISGOIUM,
Churfürstlichen Cöllnischen Raht vnd Medicum.

Straßburg/
In verlegung Lazari Zetzners/ Buchhändlers.

Anno M. DC. V.

Paracelsus: Chirurgische Bücher und Schriften, Straßburg 1605; Titelblatt zur Wunddiagnose, über die Behandlung von Schnittwunden und Knochenbrüchen, bis hin zu Rezepten gegen Schlangenbisse und Insektenstiche. Das war keine blasse Theorie, keine streitbare Auseinandersetzung mit anderen Medizinmeinungen, sondern handfeste, praktische Hilfe. So etwas wollten schließlich auch weite Kreise der halbwegs gebildeten Leute in ihren Bibliotheken besitzen, um im Notfall nachsehen zu können. Die ›Große Wundarznei‹ wurde damit nicht nur Fachbuch, sondern auch das erste populärwissenschaftliche Medizinbuch, der Beginn einer neuen Sachbuchart.

Als wäre der Bann gebrochen, folgte nun ein Buch dem anderen. Aber Paracelsus fand kaum mehr eine freie Minute, um seine Gedanken zu Papier zu bringen. Plötzlich war er auch wieder als Arzt, nicht nur als Erfolgsautor, gefragt. Er reiste unentwegt durch Bayern, das Schwabenland, Österreich. Oft erreichte ihn der Ruf eines prominenten Patienten, noch bevor er am Krankenbett eines früheren Bittstellers eingetroffen war.

Ende des Jahres 1536 kommt ein Reiter aus dem weitentfernten Kromau in Mähren zu ihm.

»Herr von Hohenheim, Euer Ruf ist bis zu uns in das Königreich Böhmen vorgedrungen. Von Eurer Kunst erzählt man sich wahre Wunderdinge. Deshalb hat mich mein gnädigster Herr, der Erbmarschall Johann von der Leipnik, zu Euch geschickt. Er ist krank und braucht Eure Hilfe. Ich soll Euch mitbringen auf sein Schloß in Kromau. Könnt Ihr gleich Euer Pferd satteln und mitkommen?«

Selbstverständlich empfindet Paracelsus große Genugtuung. Die edelsten und mächtigsten Leute der Welt rufen nach ihm!

Und doch ist er nicht so stark beeindruckt, daß er alles stehen- und liegenließe, um diesem ehrenvollen Auftrag zu folgen.

»Ich habe schon vor Wochen gehört, daß der Erbmarschall krank ist«, sagt er ausweichend. »Man sagt, er leide an einem schleichenden Fieber und dulde große Qualen in seinen

Gliedern. Offenbar ist es nichts Hitziges, das einen raschen Tod bringen würde. Bestellt dem Erbmarschall, ich werde kommen, sobald ich hier entbehrlich geworden bin. Im Augenblick brauchen mich meine Patienten noch hier. Es wäre unrecht, eine Behandlung anzufangen und dann einfach davonzureiten. Das seht Ihr doch ein. Oder nicht?«

Es wird Frühjahr 1537, ehe Paracelsus sich auf den Weg nach Mähren macht. Sobald der schlimmste Winter die Wege freigibt, fährt er donauabwärts nach Linz und reitet von dort nach Mährisch-Kromau.

Erbmarschall Johann von der Leipnik ist äußerst ungehalten. Wie konnte es ein kleiner Arzt wagen, ihn monatelang hinzuhalten? Am liebsten würde er ihn seine Macht spüren lassen.

Doch er braucht ihn und ist froh, daß er endlich doch noch gekommen ist.

Ein halbes Jahr lang bleibt Paracelsus auf dem Schloß des Erbmarschalls. Er behandelte das chronische Leiden. Vermutlich litt Johann von der Leipnik an einer schmerzhaften chronischen Erkrankung. Gleichzeitig benützte Paracelsus die Gelegenheit, sich noch besessener als jemals zuvor auf seine Schriften zu stürzen. Er arbeitete Tag und Nacht. Sein großes Anliegen war es, sein Werk abzurunden, alles, womit er sich beschäftigt hatte, die Medizin, die Astronomie, Philosophie und Theologie in Einklang zu bringen. Im ›Licht der Natur‹ sollte alles durchleuchtet und ›stimmig‹ gemacht werden, damit ein abgerundetes Weltbild entstand, ähnlich den ›Summen‹ des großen Thomas von Aquin.

Die Quintessenz seiner Weisheit: »Es gibt nichts auf der Welt und im Himmel, nichts im weiten Universum und nichts im Mikrokosmos, das nicht im Menschen wäre... Wer weiß, was Venus am Himmel ist, der weiß auch Bescheid über die Pflanze Artemisia (Beifuß, Jungfernkraut) im Garten und über die Eigenschaften und Kräfte des Kupfers. Wer den Mars am Himmel kennt, der kennt die Eigenschaften des Eisens und des Eisenkrautes – und die Charaktereigenheiten der Menschen mit einem typischen Marstypus...«

Alles stimmt zusammen. Alles befindet sich, soweit es gesund ist, in der einen, wohlklingenden Harmonie der Schöpfung.

Im selben Jahr wurde Paracelsus eine noch größere Ehre und Rechtfertigung zuteil: Der König selbst, Ferdinand I. von Österreich, später zum Kaiser gewählt (1556 bis 1564), bat ihn in Wien zur Privataudienz, um sich mit diesem berühmten und bewunderten Mann zu unterhalten. Paracelsus hatte dem König einige seiner Bücher gewidmet: »... geschrieben für den großmächtigsten, durchlauchtigsten Fürsten und Herrn, Herrn Ferdinand, römischer König und Erzherzog zu Österreich...«

Dieses Ereignis brachte seine heftigsten Kritiker zum verstummen. Jetzt hätte sich Paracelsus so richtig entfalten können.

Doch die Gunst von höchster Stelle kam zu spät. Paracelsus hatte sich völlig verausgabt, seine Kräfte waren erschöpft, verzehrt. Er hatte nicht einmal mehr ganz vier Jahre vor sich – und er schien das zu ahnen, vielleicht sogar zu wissen. Die Zeit lief ihm davon.

In diesem Augenblick zog es ihn heim – dorthin, wo er seine schönsten Jahre verbringen durfte, in seine ›zweite Heimat‹ Kärnten.

Sein Vater Wilhelm von Hohenheim war seit vier Jahren tot. Die Stadtväter begrüßten den berühmten Sohn ihres ehemaligen Stadtarztes mit großem Respekt – aber distanziert. Eigentlich hatten sie keinen Platz für so einen bedeutenden Mann. Paracelsus schrieb zwar eine ›Chronia und Ursprung dieses Landes Kärnten‹, vielleicht der Versuch, den Villachern zu zeigen, daß er doch eigentlich hierhergehörte, hier zu Hause war, einer von den ihren. Er widmete dieses Buch und zwei andere auch den Stadtvätern, um sich diese geneigt zu machen. Doch außer dem Versprechen, die drei Bücher würden gedruckt, bekam er nichts. Und das Versprechen vergaßen die Villacher – vierhundert Jahre lang. Erst 1955 wurden die Bücher des Paracelsus in Villach tatsächlich gedruckt.

Paracelsus schränkte seine Reisetätigkeit mehr und mehr ein. Die Bitten um einen Besuch lehnte er nun immer häufiger ab, mit der trockenen Bemerkung: »Ich bin selbst krank und fühle mich nicht imstande, einen so weiten Weg zurückzulegen.«

Noch einmal erwachte in ihm der sehnlichste Wunsch, irgendwo eine Heimat zu finden, vielleicht sogar ein eigenes Heim, ein Zuhause zu haben.

Und dieser Wunsch ging endlich in Erfüllung. Salzburg hatte einen neuen Bischof, einen Wittelsbacher. Fürst Ernst, Pfalzgraf zu Rhein und Herzog in Bayern, seit 1540 Fürstbischof von Salzburg, war ein großer Bewunderer und Verehrer des Theophrast von Hohenheim. Er schrieb ihm und bat ihn, sich doch in Salzburg unter seinem Schutz niederzulassen.

Paracelsus reiste nach Salzburg – erfüllt von neuen, großen Hoffnungen, begleitet aber auch von düsteren Ahnungen. Hatte ihn diese Stadt nicht schon einmal sehr schlecht behandelt – und schließlich mit Schimpf und Schande davongejagt?

Auf den Spuren
der Lebensgeheimnisse

»Er ist wieder in der Stadt!« Der Apotheker Thomas Nietwanger aus der Getreidegasse in Salzburg trommelt aufgeregt an die Tür des Arztes Walther Sterzinger. »Er ist wieder da!« schreit er noch einmal und so aufgeregt, als wäre er dem Teufel höchstpersönlich begegnet.

Der Arzt öffnet das Fenster im ersten Stock und blickt herunter. »Macht doch keinen solchen Lärm! Kam er allein? Wo wohnt er? Wißt ihr etwas Näheres? Hat er etwa vor, hierzubleiben?«

Kein Zweifel, Walther Sterzinger weiß sehr wohl, von wem die Rede ist. ›Er‹ – damit kann nur einer gemeint sein. Der Mann, den alle Ärzte und Apotheker landauf, landab mehr fürchten als die Pest und die ›Franzosenkrankheit‹ Syphilis. Wenn einer es nicht wagt, den verhaßten Namen auszusprechen, als könnte er allein schon damit das Unheil auf sich herabbeschwören, dann kann er nur einen meinen – Theophrast von Hohenheim, genannt Paracelsus.

»Kommt herein und berichtet mir«, fordert der Arzt den herbeigeeilten Apotheker auf.

Kurz darauf sitzen sich die beiden, die für die Gesundheit der Salzburger verantwortlich sind, hinter verschlossener Tür gegenüber. Thomas Nietwanger erzählt, immer noch außer Atem: »Ich weiß es von seinem Schüler Adam von Bodenstein. Sie sind gestern in den Abendstunden von Kärnten her angekommen. Der Bodenstein war bei mir in der Apotheke. Wißt ihr, was er wollte? Ein Pfund Quecksilber. Dreimal dürft ihr raten, wozu der Vagabundendoktor das braucht!«

Der Apotheker rückt näher und senkt seine Stimme. »Also, paßt auf. Gestern abend hat der Bodenstein das Quecksilber gekauft. Heute morgen, ganz in der Frühe, kam er zum Goldschmied, der über mir wohnt. Was glaubt ihr, was er ihm verkauft hat? Einen Klumpen reines Gold! Er ist nicht ganz ein Pfund schwer. Versteht ihr den Zusammenhang? Dieser Teufel macht Gold! Ich weiß auch, wie. Der Bodenstein hat geplaudert. Das Quecksilber wird in einem Tiegel eine Zeitlang erhitzt. Und dann wirft der bucklige Hexenmeister ein rotes Kügelchen hinein. Das ist sein Azoth, ein Pulver, das in Siegelwachs eingehüllt ist. Wenn das Quecksilber erkaltet, ist es zu Gold geworden. Was für ein Geschäft! Für einen Gulden hat er bei mir das Quecksilber gekauft. Der Goldschmied gab ihm für das Gold zwei dicke Beutel voll mit Gulden. Mehr kann man in einer Nacht nicht verdienen.«

Walther Sterzinger schüttelt den Kopf. »Das ist doch nur wieder einer seiner Tricks. Das muß man ihm lassen – er macht es geschickt. Kaum angekommen, läßt er das Gerücht von seiner alchimistischen Zauberei verbreiten. Die Leute werden ihm zulaufen. Laß ihn ein paar Tage hiersein, wird ihn auch unser Erzbischof rufen, um durch ihn gesund und reich zu werden. Und wir sind wieder einmal die Dummköpfe. Wir hätten ihn schon vor zehn Jahren an den Galgen bringen sollen, als er hier weilte und die Wunden der aufständischen Bauern pflegte. Damals hätten wir leichtes Spiel gehabt. Statt dessen ließen wir ihn entkommen – in der Hoffnung, ihn für immer los zu sein. Jetzt bekommen wir die Quittung. Wir müssen rasch und entschlossen handeln, sonst sind wir verloren.«

Der Apotheker gibt sich nicht geschlagen. »Aber er kann wirklich Gold machen. Man erzählt sich noch ganz andere, frevelhafte Dinge über ihn. Er soll versuchen, künstliche Menschlein zu schaffen. Sie wachsen in Flaschen. Lebendige kleine Homunkuli. Dieser Mensch ist Satan höchstpersönlich. Unterschätzt ihn nicht. Er hat auch mächtige Freunde. Sicher habt Ihr von der wundersamen Heilung des Erbmarschalls von Böhmen, Johann von der Leipnik, in Preßburg gehört. Alle Ärzte, so heißt es, hatten ihn aufgegeben. Da kam dieser Scharlatan – und wenig später war der Marschall gesund. Seid vorsichtig! Wer auf diese Weise heilen kann, der ist auch in der Lage, Schaden zuzufügen. Mit diesem Menschen ist nicht zu spaßen! Vielleicht kennt Ihr die Geschichte des Grafen von Arnberg. Den hat er in acht Wochen von einem Krebsgewächs am Hals befreit. Ohne zu schneiden. Aber als der Graf dann dafür nicht bezahlen wollte, fiel er vom Pferd und war auf der Stelle tot!«

»Seid nicht töricht, guter Apotheker! Wir brauchen ja nicht selbst Hand an ihn zu legen. Es gibt genug gemeines Volk, das sich zu solchen Diensten kaufen läßt. Es bleibt uns keine andere Wahl. Er oder wir. Wir dürfen ihn in Salzburg nicht aufkommen lassen.«

Während seine Gegner Pläne schmieden, wie sie ihn am schnellsten aus dem Weg schaffen können, wird Paracelsus ans Krankenbett einer Nonne gerufen. »Sie ist von bösen Geistern besessen, flucht wie ein Holzknecht und schlägt alles kurz und klein«, berichtet man ihm. »Der Segen der Geistlichen hat bisher nichts gegen die Teufelsmächte ausrichten können.«

Paracelsus wird von der Äbtissin mit großer Zurückhaltung empfangen. »Glaubt ihr denn an böse Geister?« fragt sie ihn mißtrauisch. Paracelsus nickt. »Gewiß. Die ganze Welt ist voller guter und böser Geister. Das steht schon in der Bibel. Jeder Gedanke, jeder Wunsch und jeder Fluch wird alsbald zu einem selbständigen Wesen, das von einem Menschen Besitz ergreifen kann. Seht, alle Krankheiten werden letztlich von solchen geistigen Kräften und Wesen verursacht. Wer heilen will, der darf nicht nur den kranken Körper sehen. Er muß die Seele des Kranken vom falschen Denken und Fühlen frei machen, sonst bleibt ihm jeder Erfolg versagt.«

Paracelsus heilt die Nonne – genauso, wie es heute noch Medizinmänner im afrikanischen Busch und Eingeborene in Neuguinea tun: Er formt eine Puppe aus Wachs, sagt der kranken Schwester, diese Wachsgestalt wäre ihr böser Geist, und wirft die Puppe ins Feuer. Dann steckt er die Kranke in ein heißes Bad mit Salbei, Rosmarin und Liebstöckel, damit »der Gestank des Teufels aus dem Körper herausgeschwitzt wird«.

Das Kloster feiert die Heilung in einer neuntägigen Andacht – mit reichlich schlechtem Gewissen. Was wirklich passiert ist, das begreift niemand.

Wer Paracelsus wirklich war, das hat bis heute kaum einer richtig erfaßt.

Mensch, Dämon, Prophet – und Gott

Paracelsus hat die Ärzte und Heilpraktiker aller Zeiten treffend charakterisiert. Er sagte: »Wer die Heilkräfte der Wurzeln und Kräuter kennt, ist ein Mensch. Wer die des Wassers und des Feuers kennt, ist ein Dämon. Einer, der die Kraft des Gebetes als Heilkraft einzusetzen vermag, ist ein Prophet. Wer aber über den Geist Bescheid weiß, der ist ein Gott.«

Er selbst kannte sich bestens aus in der Anwendung von Pflanzen und Wurzeln. Er war als ›Alchimist‹ seiner Zeit weit voraus und schuf mit ›Feuer und Wasser‹ Medikamente, die so vortrefflich wirksam waren, daß man ihn für einen Zauberer hielt. Wo es am Platz und richtig war, setzte er Gebet und persönliche Zuwendung als Heilmittel ein. Seine größten ›Wunder‹ aber vollbrachte er ohne Pflanzen, ohne Quecksilber und Goldpräparate, ohne Gebet. Er entfachte in den Patienten den Lebenswillen. Er überzeugte sie von der grenzenlosen Mächtigkeit der Heilkräfte im eigenen Körper. Er suggerierte ihnen Gesundheit, weckte die ›Lebensgeister‹ und sorgte dafür, daß sie heranwuchsen, leibhaftig und beseelt wurden. Er wollte alles sein, vollkommen und gleichzeitig – Mensch, Dämon, Prophet – und Gott. Er trat ein für eine Ganzheitsheilkunst, die nie einen Teil, sondern immer den ganzen Menschen im Auge hat, die bei der Anwendung von Heilkräften nicht auf eine Sparte begrenzt bleibt, sondern jede Möglichkeit der Heilung einbezieht und alle miteinander sinnvoll verbindet.

Paracelsus hätte heute nichts einzuwenden gegen einen Arzt oder Heilpraktiker, der sich ganz auf Naturheilweisen eingerichtet hat. Er würde den Akupunkteur ebenso anerkennen wie den Chiropraktiker, den Homöopathen wie den Frischzellentherapeuten. Er fände ganz zweifellos anerkennende, lobende Worte für die sogenannte Schulmedizin und würde die Chemotherapie keineswegs von Grund auf verdammen.

Doch gegen zwei Eigenheiten moderner Heilkunst, wie immer sie aussehen mag, hätte er ganz bestimmt sehr viel einzuwenden:

Er würde einerseits auf das strengste verurteilen, daß jemand behauptet, seine Heilkunst wäre die einzig richtige und sinnvolle. Man braucht sich nur daran zu erinnern, was er über die Gaben der Natur gesagt hat: Wer sich mit Kräutertee und Pflanzenextrakten begnügt, benützt unvollkommene ›Rohstoffe‹, die bald zu schwach, bald giftig sind. Der Mensch ist aufgerufen und dazu bestimmt, aus den Angeboten, aus dem Grundmaterial, ein ›Kunstwerk‹ zu schaffen, nämlich Medikamente zu bilden. Der ›Rohstoff‹ muß veredelt werden. In den Naturheilweisen allein kann also das Heil ebensowenig liegen wie in den vielen anderen Methoden, solange sie isoliert und ausschließlich angewendet werden.

Der zweite Vorwurf wäre noch viel gewichtiger: Paracelsus würde ohne Zweifel bemängeln und hart und kompromißlos dagegen angehen, daß so ziemlich alle Heilmethoden nur die momentane Besserung, die möglichst rasche Befreiung von Beschwerden, Störungen, Schmerzen im Auge haben – aber nicht die Wiederherstellung der verlorengegangenen Harmonie. Lebte er am Ende des zwanzigsten Jahrhunderts, würde er das Buch der ›Umkehr zur Gesundheit‹ schreiben, wahrscheinlich gründete er sogar einen ganz neuen Beruf: den ›Heilhelfer‹, oder wie man ihn nennen könnte, einen Berater, der im Gegensatz zum Arzt nichts mit Krankheiten zu tun hätte, sondern vor und nach ärztlichen Maßnahmen für Gesundheit und Gesundung im Sinne einer positiven

Ausrichtung zu sich, zum eigenen Körper und zum Leben zuständig wäre.

Um nur ein Beispiel zu nennen: Die Ärzte wissen heute sehr wohl, daß Bluthochdruck, eine der schlimmsten Todesursachen überhaupt, wohl in den meisten Fällen, wenn nicht sogar immer, das Ergebnis einer starken inneren Verkrampfung ist. Selbstverständlich kann man die betroffenen Menschen mit hervorragenden Medikamenten behandeln. Entweder verwendet man Wirkstoffe, die die Blutgefäße weiten, oder krampflösende Mittel. Die Hypertoniker sind allerdings gezwungen, diese Medikamente ganz regelmäßig genau dosiert und zeitlebens einzunehmen. In den meisten Fällen tun sie es nicht oder nur sehr unzuverlässig, weil die Arzneien in diesem Fall keine Besserung des Wohlbefindens, sondern im Gegenteil das Gefühl der Antriebsschwäche, der Müdigkeit, der Kraftlosigkeit vermitteln. Das ist verständlich: Wenn der Blutdruck künstlich gesenkt wird, gehen automatisch Schwung und Vitalität verloren. Das Ergebnis solcher Behandlung – jeder vierte Mensch stirbt heute an den Folgen einer Blut- und Kreislaufstörung, wobei der Bluthochdruck in den meisten Fällen die eigentliche verhängnisvolle Rolle spielt.

Nichts gegen die Medikamente und die Behandlung der Patienten damit. Aber nun müßte es einen geben, der den Patienten hilft, die Ursachen der inneren Verkrampfung abzubauen, damit die Medikamente möglichst rasch überflüssig werden, weil der Blutdruck auch ohne sie bei Normalwerten bleibt. Der Arzt ist mit dieser Aufgabe überfordert. Er kann dem Patienten nicht die Arbeitslosigkeit wegzaubern, die ihn bedrückt. Er kann den Patienten weder vom Streß befreien noch helfen, die Eheprobleme zu lösen.

Genau solche Maßnahmen wären aber zur Rückgewinnung der ›Normalität‹, nämlich der Gesundheit, nötig – eine neue geistige Einstellung zu Beruf, zum Nächsten, zu Leben und Sterben. Paracelsus hat versucht, die geistige Gesundheit als Grundlage der körperlichen zu finden. Deshalb befaßte er sich so intensiv mit Philosophie und mit Theologie.

Ähnlich wie in unseren Tagen waren diese Säulen menschlicher Zuversicht geborsten. Die Menschen fanden nirgendwo mehr Halt und Stütze. Alles war in Zweifel geraten.

Magier und Goldproduzent?

Und der Magier Theophrast von Hohenheim? Wie war das nun wirklich mit dem ›Stein der Weisen‹? Mit der Kunst, Gold auf chemischem Weg herzustellen?

Der Apotheker aus der Salzburger Getreidegasse hat seine Schilderungen nicht aus der Luft gegriffen. Es ist anzunehmen, daß der Fürstbischof von Salzburg den berühmten Arzt auch nicht nur seiner medizinischen Fähigkeiten wegen in seine Stadt geholt hat. Von Bischof Ernst von Bayern weiß man, daß er sich recht ausgiebig mit magischen und okkulten Dingen befaßte. Vielleicht hatte er gehofft, durch Paracelsus seinen Reichtum vergrößern zu können?

Es gibt einen Brief eines Schülers von Paracelsus, der den Arzt für längere Zeit begleitete. Darin heißt es: »Einmal sagte Paracelsus zu mir: ›Franz, wir haben kein Geld mehr.‹ Er gab mir einen rheinischen Gulden mit dem Auftrag: ›Gehe in die Apotheke, laß dir ein Pfund Quecksilber abwiegen und bringe mir das her.‹ Ich tat das, brachte ihm das Quecksilber und die Herausgabe. Paracelsus setzte vier Ziegelsteine auf dem Herd zusammen, damit die Luft von unten her leicht Zugang hatte. Dann schüttete er das Quecksilber in einen Tiegel und setzte diesen zwischen die Steine. Ich mußte ringsum Kohle aufschütten, darauf Feuer legen und noch einmal Kohle zulegen. Das ließen wir herunterbrennen, während wir uns in die Stube begaben, um abzuwarten, bis das Feuer erloschen war. Nach einer guten Weile meinte Paracelsus: ›Komm, wir müssen nachsehen, was unser servus fugitus (der flüchtige Diener) macht. Er könnte uns entfliehen.‹ Als wir kamen, rauchte es schon. Paracelsus sagte: ›Nimm das Kügelchen und halte es hinein, bis es zergangen ist.‹ Dann sagte er: ›Decke den Tiegel zu und feuere gut nach und laß das Ganze dann stehen.‹ Wir begaben uns wieder in die Stube. Nach einer halben Stunde stand Paracelsus auf. ›Laß uns nachsehen, was Gott uns beschert hat.‹ Er hob den Deckel vom Tiegel. Das Quecksilber war nicht mehr flüssig, sondern fest geworden. ›Na, was siehst du?‹ fragte mich Paracelsus. Ich gab zur Antwort: ›Es sieht gelb aus wie Gold.‹ Und er: ›Ja, Gold sollte es auch sein.‹ Ich nahm den Tiegel, zerschlug ihn. Es war Gold. ›Trag es zum Goldschmied über der Apotheke und verkaufe es‹, befahl Paracelsus. Das machte ich. Der Goldschmied wog den Klumpen. Er wog ein Pfund weniger ein Lot. Ich bekam dafür einen Beutel voller rheinischer Gulden mit dem Hinweis: ›Sag deinem Meister, den zweiten Beutel will ich ihm geben, sobald ich ihn habe.‹ Das Kügelchen, das ich in das Quecksilber geworfen hatte, war so groß wie eine Haselnuß, in rotes Siegelwachs verpackt. Was es war, weiß ich nicht. Ich konnte als Jünger auch nicht gut fragen. Vielleicht wollte er sogar, daß ich ihn frage, warum hätte er mir sonst alles gezeigt? Er mochte mich nämlich gut leiden. Ich glaube, wenn ich ihn gefragt hätte, hätte er mir das Geheimnis verraten.«

Man hört das große Bedauern des Schülers heraus, die eigentliche Chance seines Lebens verpaßt zu haben.

Soviel ist sicher: Was immer das ›Kügelchen‹ gewesen sein mag – auf solche Weise kann man mit Gewißheit aus Quecksilber kein Gold herstellen – allenfals etwas, das so ähnlich aussieht wie Gold.

War Paracelsus ein schamloser Betrüger gewesen? Oder wußte er vielleicht selbst nicht, daß das vermeintliche Gold nicht echt war? Auch das ist auszuschließen. Theophrast von Hohenheim verstand zu viel von Metallen, als daß er sich derart hätte täuschen lassen. Vermutlich lag die Täuschung beim Schüler, der sich eingebildet hatte, mehr zu sehen, als wirklich vorhanden war. Vielleicht wollte er sich selbst auch mit den Heldentaten seines Meisters ins rechte Licht rücken: »Ich bin dabeigewesen. Ich war Zeuge. Mich hat er besonders gern gehabt.«

Allerdings – ähnliches wie Franz berichtete auch der

Famulus Johannes Oporinus, einer der hartnäckigsten Begleiter des Paracelsus. Schon in Straßburg und in Basel war er bei Paracelsus. Später wurde er Professor der griechischen Sprache. Ihm diktierte Paracelsus einen großen Teil seiner Bücher.

Oporinus schrieb einmal: »Das Geld war manchmal so knapp, daß ich wußte: Paracelsus besitzt keinen Groschen mehr. Am nächsten Morgen allerdings zeigte er mir den Beutel voll gespickt, so daß ich mich oft fragte, woher er das Geld plötzlich hatte.«

Auch das ist natürlich, wenngleich oft zitiert, kein Beweis dafür, daß Paracelsus Gold herstellen konnte. Man erinnert sich an seinen Ausspruch: »Fröhlich wandern kann nur, wer nichts besitzt...« Man darf wohl davon ausgehen, daß der ›Vagabund‹ Paracelsus nach außen hin – auch seinen Schülern gegenüber – ganz bewußt den Eindruck größter Armut zu vermitteln versuchte, um jedem Räuber augenfällig klarzumachen: Bei mir lohnt sich ein Überfall überhaupt nicht. Deshalb trug er wohl stets einen nahezu leeren Geldbeutel bei sich. Die wenigen Münzen hatte er wohl verwahrt. Nachts, wenn er allein war, füllte er den Beutel wieder nach.

Reisen, das war vor vierhundertfünfzig Jahren noch ein halsbrecherisches Abenteuer – speziell für einen Mann, der schon zeitlebens von vielen Gerüchten und Legenden begleitet wurde wie Paracelsus. Der kleine Doktor mit dem viel zu großen Schwert hätte gegen Wegelagerer, gegen diebische Wirte, ja auch gegen seine eigenen, von Geldgier besessenen Begleiter keine Chance gehabt, hätte auch nur der geringste Verdacht bestanden, er wäre reich oder er verfügte über die Möglichkeit, über Nacht reich zu werden.

Den ›Stein der Weisen‹ besaß er nicht, Geld oder Gold konnte er nicht herstellen. Es gibt zwar auch heute noch weitverbreitete Theorien, die besagen, Theophrast von Hohenheim wäre auf seinen ausgedehnten Reisen in Konstantinopel mit Tataren in Berührung gekommen und hätte von ihnen das ›Lebenselixier‹ bekommen. Doch wen wundert es, daß sich um diese geniale Figur solche ›Historien‹ rankten?

Kein Gretchen, keine schöne Helena

Da war beispielsweise die Frage, die seine Zeitgenossen und bald nach seinem Tod Anhänger wie Gegner ungewöhnlich stark beschäftigte: »Wie stand Paracelsus eigentlich zu den Frauen? Warum hat er nicht geheiratet?«

Wußte man doch, daß der kleine Doktor sehr häufig und überaus ausgiebig einem ›feurigen Trunk‹ zusprach. Seine Freunde nannte er in Briefen oft: »Geliebte Saufkumpanen!« Guten, üppigen Speisen war er offensichtlich auch nicht abhold.

Kurz – er schätzte die Freuden des Lebens und genoß sie bei jeder sich bietenden Gelegenheit. Sollte er bei sexuellen Genüssen eine Ausnahme gemacht haben?

In seinen umfangreichen Schriften, die sich ja so ziemlich mit allen nur denkbaren Themen befaßten, findet sich kein einziger Hinweis auf eine körperliche oder seelische Verbundenheit mit einer Frau. Auch seine früh verstorbene Mutter erwähnt er mit keiner einzigen Silbe, so daß man beinahe annehmen könnte, er wäre ein Frauenhasser oder Frauenverächter gewesen. Im Gegensatz zur Geschichte von Doktor Faust gab es in seinem Leben weder ein Gretchen noch eine schöne Helena. Paracelsus versichert gelegentlich, er habe »Venus nicht gedient«. Gleichzeitig beklagt er sich bitter darüber, daß man ihm das verübelt.

Für diese Einsamkeit und Verschlossenheit gibt es vier plausible Erklärungen:

Erstens: Theophrast von Hohenheim hatte seine Mutter sehr früh und unter tragischen Umständen verloren. Er mußte als kleines Kind miterleben, wie sein Vater unter der Krankheit der Els Ochsner, seiner geistesgestörten Frau, litt. Diesen Schock konnte Paracelsus wohl ein Leben lang niemals überwinden.

Zweitens: Seine ›Karriere‹ begann mit jahrelangen Reisen und Aufenthalten in Kriegslagern. Da blieb einfach kein Platz für eine Frau, noch fand sich Zeit und Gelegenheit zur Begegnung mit der passenden Partnerin.

Drittens: Paracelsus war ausgesprochen klein und bucklig. Außerdem kleidete er sich wie ein heruntergekommener ›Fuhrknecht‹. Kein Traumbild des Mannes für eine Frau! Es ist durchaus vorstellbar, daß er auch in diesem Punkt mehr als einmal abgewiesen, zurückgestoßen, vielleicht sogar verspottet wurde.

Viertens: In damaliger Zeit herrschte allgemein verbindlich die Vorstellung, jede sexuelle Betätigung, auch die eheliche Liebe, würde die geistige Entfaltung des Mannes blockieren und hindern. In vielen Rezepten aus jener Zeit, vor allem für magische Praktiken, aber auch für alchimistische Vorhaben, heißt es immer wieder: Der Raum, in dem es ausprobiert werden soll, muß rein, sauber sein, der ›Meister‹ muß sich ein paar Tage oder gar Wochen lang sexuell enthalten haben. Es ist deshalb durchaus möglich, daß Paracelsus also bewußt auf die ›viehische Lust‹ verzichtet hat, um frei zu sein für seine große Aufgabe. Auch dem Arzt Paracelsus, der so viel mit der Syphilis und anderen Geschlechtskrankheiten zu tun hatte, mußte dieser Entschluß sinnvoll erschienen sein.

Seine Zeitgenossen suchten nach anderen Erklärungen und glaubten es besser zu wissen. Weil ein Mann ohne Frau, abgesehen von den katholischen Geistlichen und Ordensleuten, kein rechter Mann war, sondern eben einer, bei dem etwas nicht stimmen konnte, strickten sie an der Legende: »Paracelsus ist ein armer Kerl, das bedauernswerte Opfer eines Unfalls«, so flüsterte man sich zu. »Im Hause seines Großvaters an der Sihlbrücke bei Einsiedeln, hat ihm ein Eber, als er noch ein kleines Kind war, die Hoden abgebissen. Deshalb ist er auch körperlich so klein geblieben, und deshalb hatte er Sprachschwierigkeiten.«

Solche Geschichten kursierten noch Jahrhunderte nach seinem Tod.

Ebenso wie jene von seinem mißglückten Teufelspakt. In einer Schrift, die etwa hundert Jahre nach seinem Tod erschien, heißt es: »Als Paracelsus schon alt war und sich vor dem Tod fürchtete, gab der Teufel ihm den Rat: ›Wenn du Mut hast, kannst du immer wieder jung werden. Laß dich in

Stücke zerhauen und sorge dafür, daß deine Teile in Pferdemist begraben werden. Nach Jahr und Tag wirst du dann als schöner, kräftiger Jüngling neu erstehen.‹ Paracelsus befolgte diesen Rat. Sein treuer Diener mußte ihn erschlagen und seinen Leichnam in viele kleine Stücke zerteilen. Die Ungeduld dieses Dieners wurde ihm aber zum Verhängnis. Er öffnete das Grab einen Tag zu früh. Als er nachsehen wollte, ob Paracelsus wieder lebt, fand er tatsächlich einen schönen Jüngling. Doch das Werk war noch nicht ganz vollendet. In der Schädeldecke klaffte ein Loch, das noch nicht ganz

Arzt am Krankenbett, Holzschnitt 1531

zugewachsen war. Durch die Öffnung des Grabs kam Luft in das Gehirn. Paracelsus mußte, der Wiedergeburt sehr nahe, sterben. Wäre der Diener nicht so voreilig gewesen, hätte er immer wieder jung werden können.«

Solche und ähnliche Legenden kursierten durch die Jahrhunderte landauf, landab – primitive Versuche, das Ungewöhnliche dieses Mannes zu erklären, vielleicht auch geschickt lancierte Angriffe seiner Gegner auf das Genie, dessen Einfluß und Anerkennung sie mehr und mehr bedrohte.

Auf den Spuren der Evolution

Paracelsus machte es solchen Leuten leicht. Wißbegierde, Forscherdrang, der Versuch, hinter das Geheimnis des Lebens zu kommen, kannten bei ihm keine Grenzen und keine Tabus. Paracelsus kümmerte sich weder um Verbote der Kirche noch um das, was Standesgesetze vorschrieben.

Man darf nicht vergessen – zu seiner Zeit war es noch bei Todesstrafe verboten, Leichen zu öffnen oder anatomische Studien zu betreiben. Leonardo da Vinci war der erste, der es wagen durfte, dieses Verbot zu überschreiten und Zeichnungen der inneren Organe, von Muskelpartien, Sehnen und Blutgefäßen anzufertigen.

So weit konnte Paracelsus sich nicht vorwagen. Er hatte nicht die mächtigen Medici, weder Kardinäle noch den Papst als Gönner hinter sich, wie das bei Leonardo der Fall war.

Allerdings, ihn interessierte auch nicht so sehr die organische Beschaffenheit des Körpers. Ohne Leben war er nicht mehr als eine ›Mumia‹, äußere Form ohne Inhalt.

Paracelsus war auf der Suche nach dem Leben, das die Materie zum Leib formt, lebendig und funktionsfähig hält. Da er fest davon überzeugt war, daß jede Materie beseelt ist, jedes Sandkorn, jeder Tropfen Wasser seine eigene Seele besitzt, den Atem Gottes, der ihm im Augenblick der Schöpfung eingehaucht wurde, versuchte er, die Evolution des Lebens nachzuvollziehen. Die vielen winzigen Seelenfunken der Mineralien, der Pflanzen und Tiere mußten sich, so meinte er, zu einer immer perfekteren Seele, zu einem menschlichen ›Archeus‹ zusammenfügen lassen.

Paracelsus wußte noch nichts vom Zellaufbau des Organismus, von Aminosäuren und Genanlagen. Der englische Forscher Charles Darwin (1809 bis 1882) wird seine Abstammungslehre erst dreihundert Jahre später begründen und damit auf erheblichen Widerstand stoßen, weil die Lehre von der Evolution des Lebens hin zum menschlichen Leben scheinbar im Widerspruch zur offenbarten Schöpfungsgeschichte stand. Paracelsus war auch in dieser Frage der Wahrheit schon auf der Spur.

Diese Leistung wird um so größer, stellt man sie in den Rahmen seiner Zeit.

Der große Denker Thomas von Aquin hat beispielsweise ein Stückchen Fleisch an die Sonne gelegt. Als er Stunden später in diesem Fleisch Maden bemerkte, glaubte er, dieses Leben hätte die Sonne gezeugt. Solche Fehler in der Beobachtung hielten sich durch Jahrhunderte und wurden nicht korrigiert, weil es keiner wagte, die Autorität des Kirchenlehrers in Frage zu stellen. Thomas von Aquin und alles, was er gelehrt hatte, war einfach über jeden Zweifel erhaben.

Er hatte sich auch gefragt, wieso derselbe Zeugungsakt zwischen Mann und Frau als Ergebnis einmal den Jungen, ein andermal ›nur‹ ein Mädchen hervorbringt. Thomas löste die Frage philosophisch, wie das seinerzeit üblich war: Da der Mann das ›aktive Prinzip‹ darstellt, müßte die ›Frucht‹ seiner Bemühungen eigentlich jedesmal ein Junge sein. Ist dies nicht der Fall, kann nur eine andere Macht dazwischengepfuscht haben. Als einen derartigen möglichen ›Störfaktor‹ fand er das Wetter, speziell widrige Winde. Das Ergebnis solcher Überlegungen: Frauen sind also durch Winde verpfuschte Männer.

Das war die geistige Welt, in die sich der Wissenschaftler Paracelsus hineingestellt sah. Auch er war selbstverständlich von solchen Vorstellungen ursprünglich geprägt. Doch er fand den Mut, ganz neue Wege zu beschreiten. Er suchte nach der Schwelle, die ›tote‹ Materie vom Leben trennt, und versuchte, im alchimistischen Experiment das eine in das andere überzuführen.

An diesem Problem, das bis heute nicht gelöst ist, obwohl man die wichtigsten Zusammenhänge längst kennt, mußte er mit den gegebenen Voraussetzungen scheitern. Doch es spricht für das Genie Paracelsus, daß er ahnte, vielleicht sogar wußte, daß es eine natürliche Voraussetzung für das Leben geben muß, daß alles Leben irgendwann einmal angefangen hat – und daß sich dieser Anfang irgendwann wird nachvollziehen lassen.

Seine Bemühungen in dieser Richtung schilderte Paracelsus in seiner Schrift ›Von den Ursprüngen der Dinge‹. Diese Darlegungen, immer wieder gründlich mißverstanden, trugen ihm den Ruf ein, eine Art Frankenstein zu sein, der kleine Menschlein, sogenannte ›Homunkuli‹, in Flaschen heranzüchtet. Einige weitere Schriften, ihm fälschlicherweise untergeschoben, verstärkten den Eindruck noch und trugen ganz wesentlich dazu bei, daß die Kirchen sich vom ›Frevler‹ Paracelsus distanzierten und Ärzte und Wissenschaftler den ›Magier‹ angewidert ablehnten.

Beides ist er niemals gewesen.

Am 21. September 1541 wird Paracelsus von einer jungen Frau aus dem Bett getrommelt. »Kommt schnell in die Judengasse. Meine Mutter liegt im Sterben. Steht ihr bei!«

Theophrast von Hohenheim nimmt die Arzttasche und sein großes Schwert und eilt der Frau nach. Braucht man wirklich seine Hilfe – oder tappt er den Meuchelmördern in die Falle?

Der Prophet der Deutschen

»Beeilt Euch, sonst kommen wir zu spät!« Die fremde Frau, die den Arzt zu ihrer sterbenden Mutter gerufen hat, bleibt stehen und schwingt ihre Laterne. Gespenstig huscht der schmale Lichtschein über das holprige Straßenpflaster. Die Schritte des kleinen Arztes hallen von den Häuserwänden in der schmalen Gasse wider, begleitet vom angestrengten Keuchen des Gehetzten. Sein langes Schwert schleift über den Boden und gibt, wenn es von Stein zu Stein hüpft, einen eigenartigen, fast heiteren Zwischentakt zu den schwerfälligen Schritten.

»Wir sind gleich da. Nur noch ein paar Schritte«, drängt die Begleiterin.

»Ich hätte meinen Diener Klaus mitnehmen sollen«, schnauft Paracelsus außer Atem. »Mir wird der Gang doch recht unheimlich. Muß ich womöglich noch hundert Treppen steigen? Wohnt Eure Mutter unter dem Dach?«

»Habt keine Sorgen! Ihr braucht nirgendwo mehr hinaufzusteigen. Dafür geht es jetzt für immer hinab.« Die Frau lacht höhnisch. Noch ehe Paracelsus den Sinn ihrer Worte begreifen kann, trifft ihn ein mörderischer Keulenhieb von hinten über den Kopf. Lautlos bricht er zusammen. Blutüberströmt, regungslos liegt er auf dem nassen, kalten Straßenpflaster.

So findet ihn Klaus Frachmair, gut zwei Stunden später. Der Weg zurück in die Wohnung des Paracelsus am Platzl ist zu weit. Deshalb schleppt der Diener seinen Herrn in das nahe Gasthaus ›Zum weißen Roß‹, direkt am Ufer der Salzach.

Paracelsus liegt bewußtlos. Kein Riechsalz, kein Duftstoff kann ihn aufwecken. Erst in den Nachmittagsstunden des nächsten Tages schlägt er die Augen auf. Mit matter Stimme bittet er: »Laßt den Notar Johannes Kalbsohr kommen. Ich muß mein Testament machen.«

Wenig später ist die enge Kammer im Wirtshaus vollgedrängt mit Menschen. Paracelsus liegt im Bett und diktiert seinen letzten Willen. Er hat nicht viel zu hinterlassen. Es sind nur ein paar abgewetzte Kleider und Schuhe, eine Bibel, ein Buch über Heilpflanzen, das Arztbesteck und letzte Medikamentenreste. Die Barschaft ist so klein, daß man nicht einmal ein üppiges Mahl davon kaufen könnte. Paracelsus ordnet an, daß alles an die Ärmsten in der Stadt verteilt wird.

Die Zeugen und der Notar sind reichlich verwirrt. Dazu hätte es keiner ›Amtshandlung« bedurft.

Paracelsus schweigt. Aber jeder an seinem Bett spürt, daß das nicht alles gewesen ist. Irgend etwas brennt ihm noch auf der Seele. Und Paracelsus beginnt zu sprechen, stockend, mit geschlossenen Augen.

Die Prophezeiung der drei Schätze

»Sie werden mich nicht einmal in meinem Grab in Ruhe lassen, sondern wieder ausgraben und gegen Morgen legen. Ich sage es euch – drei große Schätze liegen verborgen, einer bei Meiden in Friaul, einer zwischen Schwaben und Bayern. Den Ort verrate ich nicht, um Streit und Blutvergießen zu verhindern. Der dritte befindet sich zwischen Spanien und Frankreich. Wer sie findet, wird durch sie zu unvorstellbarem Ruhm und Ansehen gelangen.

Bei dem Schatz zwischen Schwaben und Bayern wird man überaus kundige Kunstbücher finden, außerdem Edelsteine und auch einen Karfunkel. Hier das Alter jener Leute, die die Schätze finden werden: Der erste ist zweiunddreißig Jahre alt, der zweite fünfzig, der dritte achtundzwanzig.

Gefunden werden die Schätze bald nach dem Abdanken des letzten österreichischen Kaisers. Gleichzeitig wird ein gelber Löwe aus Mitternacht auftauchen. Er wird dem Adler nachfolgen und ihn mit der Zeit übertreffen. Er wird ganz Europa und einen Teil Asiens und Afrikas in seine Gewalt bekommen. Er besitzt die reine christliche Lehre, der bald alle zustimmen werden. Zuerst wird es ihm allerdings viel Mühe kosten, des Adlers Klauen aus dem Reich zu bringen. Und dieser Auseinandersetzung werden in allen Ländern viel Verwirrungen und Widerwärtigkeiten vorausgehen. Es werden die Untertanen gegen die eigenen Herren aufstehen und eine riesige Revolution auslösen. Doch das Haupt wird bleiben und die Bosheit bestraft werden.

Aber das ist nicht alles. Es wird ein großes Feuer ausbrechen und unvorstellbares Verderben auslösen. Gott wird den Gerechten beistehen und ihnen helfen. Eine kleine Gruppe der Gerechten soll überleben. Der Funke wird heranwachsen und allgemein angenommen werden. Denn es wird ihm gelingen, das, was tot ist, wieder lebendig zu machen. Die Feinde Christi werden sich erzeigen und großes Verderben mit sich bringen, daß man den Eindruck gewinnen wird, es wäre alles aus.

Doch dann, eben wenn der Feind in seinem höchsten Glück stehen wird, kommt der starke Löwe aus Mitternacht. Nachfolgen wird ihm ein kleines Häuflein. Er wird den Adler samt seinen ›Glaubensgenossen‹ völlig ausrotten. Viele werden sich bekehren und an seinen Namen und seine unbegrenzte Macht glauben.

Wenn nun dieser Löwe des Adlers Zepter bekommen wird, wird jedermann darauf sehen und ihm folgen. Denn er wird mächtige Taten und Wunder vollbringen...

Übrigens – der Schatz, der zwischen Bayern und Schwaben gefunden wird, besteht aus einer Barschaft, die größer ist als die von zwölf Königreichen, außerdem aus einem Karfunkel, so groß wie ein Ei. Kein Kaiser könnte ihn bezahlen. Der zwischen Frankreich und Spanien verborgene Schatz ist ebenfalls sehr groß, aber doch etwas kleiner als dieser.

Er wird dann gefunden, wenn der erwähnte Löwe von Mitternacht her seinen Lauf vollführt, um des Adlers Klauen stumpf zu machen. Erst dann wird allenthalben Friede und Einigkeit herrschen.

Zuvor aber wird es Zeichen geben. Vorherlaufende Boten werden die Ankunft des Herrn ankündigen.

Wenn das alles soweit ist, wird man auch erkennen, was ich, Theophrastus, gewesen bin.

Zum Schatz zwischen Bayern und Schwaben gehört nämlich meine höchst geheime Kunst, nämlich das Wissen, wie man Metall in ein wertvolleres verwandeln kann, wie sich Gold verflüssigen läßt – und der ›Stein der Weisen‹.

Derjenige, der nach Gottes Wille und Ratschluß die rechte Tür zu diesem Schatz aufschließen darf, der wird einen Karfunkel und andere Edelsteine finden. Sie liegen in einer Truhe verschlossen, die von Menschenhand geschaffen ist und selbst aus lauter Gold und Edelsteinen besteht. Der Schlüssel dazu liegt obendrauf. Die Truhe steht in einem goldenen Sarg, der goldene Sarg in einem silbernen, der silberne in einem aus Zinn. Gott der allmächtige Gott wird den, der diesen Schatz findet, in allem Glück und Sieg mit seiner göttlichen Macht stärken und ihm Gewalt verleihen, alles Böse klein zu halten und das Gute zu erschließen.«

Ist Paracelsus nicht ein begnadeter Arzt, ein erfahrener Alchimist, ein Philosoph und Theologe, ein ruheloser Seelsorger – sondern auch noch ein Prophet gewesen?

Und was stimmt wirklich?

Zunächst soll nicht verschwiegen werden – es ist keineswegs sicher, daß Paracelsus auf die hier beschriebene Weise ums Leben kam. Auch kann niemand mit letzter Gewißheit sagen, ob sein ›Testament‹, die Prophezeiung über die drei Schätze und das große Feuer, tatsächlich von Paracelsus stammt.

Manche Paracelsus-Forscher vermuten, Theophrast von Hohenheim wäre ein Opfer seines Berufes geworden. Er hätte sich demnach bei seinem ständigen Umgang mit Quecksilber, Arsenik und anderen Substanzen allmählich systematisch vergiftet, um schließlich an einer Leberzirrhose zu sterben.

Für diese Annahme sprechen seine kurz vor dem Tod niedergeschriebenen Sätze: »Die Werke zeigen an, daß die Arbeit aus und zeitig ist. Die Zeit des Wanderns ist zu Ende gegangen. Die Zeit des Philosophierens ist zu Ende gegangen. Der Schnee meines Elends ist zu Ende gegangen. Was im Wachsen ist, ist aus. Die Zeit des Sommers ist hin.«

Das klingt nach Todesahnungen – möglicherweise aber auch nach astrologischen Berechnungen. Auch die letzten Bilder von Paracelsus, ein Jahr vor seinem Tod in Kärnten von Augustin Hirschvogel gestochen, zeigen einen alten, kranken Mann.

Andere behaupten – und sie stützen sich auf Dokumente, die schon 1682 veröffentlicht wurden: Paracelsus wurde von Arztkollegen ermordet. Sie luden ihn zu einem Gastmahl, gaben ihm reichlich zu trinken und stürzten ihn, als er betrunken war, aus dem Fenster.

Tatsächlich gibt es keine Erklärung für den Umstand: Warum verstarb Paracelsus, wenn er krank war, nicht in seinem Heim am Platzl, Haus Nr. 3, sondern in dem nahe gelegenen Gasthaus zum ›Weißen Roß‹, heute das Haus Kaigasse Nr. 7?

Auffällig ist es auch, wie eilig es die Salzburger hatten, den verstorbenen Arzt unter die Erde zu bringen. Noch am Tag seines Todes wurde er in einem Armengrab auf dem Friedhof der Kirche St. Sebastian beigesetzt.

Wie in seinem Testament vorausgesagt, ließ man ihm in seinem Grab keine Ruhe. Schon 1572 grub man die Gebeine zum erstenmal aus. Dabei erhielt die Version von seiner Ermordung neue Nahrung: Der Schädel des Paracelsus weist einen mächtigen Riß auf, der auf einen Schädelbruch noch zu Lebzeiten schließen läßt. Über dem Riß am linken Schläfenbein befindet sich zudem ein fast kreisrundes Loch, das tatsächlich von einer Schlagverletzung herrühren könnte. Ob sie Paracelsus allerdings zeitlebens zugefügt wurde oder ob Riß und Loch erst beim unvorsichtigen Ausgraben der

Gebeine zustande kamen, das kann niemand mehr mit Bestimmtheit sagen.

Die Prophezeiung schließt mit den Sätzen: »Gott, der die Welt erschaffen hat, kann sie auch wieder zerbrechen. Er, der Sohn und der Heilige Geist seien hochgelobt in alle Ewigkeit. Amen. Salzburg im Jahre 1546.«

Dieses Datum ist falsch. Paracelsus starb am Samstag, dem 24. September 1541, also fünf Jahre früher. Der Fehler kann sich beim Abschreiben des Originals ergeben haben, das nicht mehr existiert. Es könnte allerdings auch auf eine Fälschung hinweisen.

Nur – auch Prophezeiungen sind für Paracelsus keineswegs etwas Neues. Er hat sich nicht nur einmal und ausnahmsweise mit Zukunftsvisionen befaßt, sondern es gibt von ihm eine ganze Reihe visionärer Vorhersagen – und auch apokalyptische Darstellungen. Meistens sind sie in Kalendern festgehalten. Im sechzehnten Jahrhundert wurden sie viel begieriger aufgegriffen als seine medizinischen und theologischen Schriften.

Was steht in der Prophezeiung?

Was könnten die Prophezeiungen von den drei Schätzen, dem großen, weltzerstörenden Feuer, dem gelben Löwen und dem Adler bedeuten? Interessanterweise enthalten sie einige verblüffende Übereinstimmungen mit Weissagungen des französischen Sehers Michel Nostradamus, der ja ein Zeitgenosse des Paracelsus gewesen ist.

Mitternacht als Himmelsrichtung, das ist der Norden. Der ›gelbe Löwe‹, der Deutschland Friede und Einigkeit (Wiedervereinigung?) bringen soll, kommt also aus dem Norden. Auch bei Nostradamus erscheint der Retter Europas, der 1999 durch eine Sonnenfinsternis angekündigt wird, aus dem Norden. Dort wie hier wird der große weltliche Herrscher zugleich religiöses Oberhaupt einer neuen christlichen Kirche sein. Man spricht von ihm wie von einem neuen Messias.

Bei Nostradamus liest sich das etwa so: »Danach sprießt aus dem Stamme jener, die so lange unfruchtbar geblieben war, jener hervor, geboren am fünfzigsten Breitengrad, der die ganze christliche Kirche erneuern wird. Es kommt zum großen Frieden, zur Einigkeit und Eintracht zwischen den Menschen, die durch Grenzen verwirrt und getrennt waren. Dieser Friede wird von verschiedenen Regierungen so gefestigt, daß die treibenden Kräfte kriegerischer Spaltung aufgrund verschiedener Weltanschauungen im tiefsten Abgrund angekettet bleiben. Das Reich des Tollwütigen, der den Weisen spielte, wird geeinigt...«

Nostradamus hatte bei seinen Prophezeiungen immer zunächst Frankreich im Auge. Nach seinen Vorhersagen wird der Retter Europas in Frankreich, und zwar im Nordwesten Frankreichs, am fünfzigsten Breitengrad geboren. Die ›unfruchtbare Dame‹, das ist seine häufig verwendete Bezeichnung für Frankreich. Der ›Tollwütige‹, das ist Adolf Hitler. Wie bei Paracelsus ist hier also auch die Rede von der Wiedervereinigung Deutschlands.

In beiden Prophezeiungen geht der neuen, glücklichen Zeit ein Weltbrand mit unvorstellbaren Ausmaßen voraus. Eine Katastrophe, die verheerend den ganzen Weltball heimsucht und durch die ein Großteil der Menschheit hinweggrafft wird.

Wie diese Katastrophe zustande kommt, wird ebenfalls von beiden Seiten angekündigt: Der ›Adler‹ stand im späten Mittelalter für jene Länder, die einen Adler im Wappen tragen: Deutschland, Österreich, Polen – aber auch Rußland. Die Betonung, daß der ›gelbe Löwe‹ die christliche Kirche wieder aufbauen wird und den ›Adler‹ mit seiner ›Klerisei‹ – man könnte es übersetzen: mit seiner Ideologie – besiegt, läßt kaum Spielraum für die Deutung: Der Kommunismus, ausgehend von Rußland, wird überwunden. Hinter dem großen Brand, hinter der Weltkatastrophe, wird den Menschen eine große Friedenszeit geschenkt.

Und wie sollte man die Entdeckung der drei großen Schätze verstehen?

Vermutlich ziemlich wörtlich – auch wenn hier wieder von der Kunst, Gold herzustellen, und vom ›Stein der Weisen‹ die Rede ist und sogar die Behauptung aufgestellt wird: »Zum Schatz (zwischen Bayern und Schwaben) gehört nämlich meine höchst geheime Kunst, nämlich das Wissen, wie man Metall in ein wertvolleres verwandeln kann, wie sich Gold verflüssigen läßt – und der ›Stein der Weisen‹...«

Man könnte versucht sein, herauszulesen: Paracelsus hat während seines Lebens selbst die drei Schätze versteckt und seine Geheimnisse vergraben – in der Hoffnung, daß man sie in einer besseren Zeit wiederentdeckt.

Solche Schlußfolgerungen sind immer wieder gezogen worden – doch sie lassen sich nicht halten. Es wurde schon darauf hingewiesen: Hätte Paracelsus derartige Reichtümer besessen, dann wären sie bestimmt von ihm nicht vergraben, sondern einem sinnvollen Zweck zugeführt worden. Paracelsus wäre ganz sicher nicht, stets aufs neue abgewiesen und vor den Kopf gestoßen, von einem Drucker zum anderen gepilgert, um seine Schriften wie saueres Bier anzubieten. Er hätte die erforderliche Summe auf den Tisch gelegt. Dazu aber war er niemals in der Lage. Außerdem wäre es töricht anzunehmen, er hätte tatsächlich solche ›Kunststükke‹ fertiggebracht.

Auch Michel Nostradamus spricht von Schätzen, die durch ein schlimmes Erdbeben offengelegt werden. Auch bei ihm bestehen diese nicht nur aus Gold und Edelsteinen, sondern auch aus noch viel wertvolleren Schriften längst vergangener Zeiten, die offenbaren, daß es schon einmal Menschen auf unserer Erde gegeben hat, die uns in Wissenschaft und Technik weit voraus waren.

Paracelsus will also nicht sagen, daß er Gold herstellen konnte und den ›Stein der Weisen‹ besaß, sondern daß die Quelle entdeckt wird, aus der er selbst das eine oder andere auf seinen Reisen an Geheimnissen schöpfen konnte. Das, was er in Spuren fand, wird in seiner Gänze entdeckt werden – und zwar dann, wenn die Menschen dafür reif geworden sind, wenn sie die selbstverschuldete Katastrophe hinter sich haben, so daß keine Gefahr mehr besteht, daß das Wissen verbrecherisch mißbraucht werden kann.

Zwei Teile der Paracelsischen Prophezeiung sind mittlerweile in Erfüllung gegangen: In Österreich gibt es seit 1919 keinen Kaiser mehr. Damit wäre also die Zeit gekommen, in der die Schätze entdeckt werden sollen, in der der große Weltbrand bevorsteht und ein neues Christentum begründet wird.

Und – man hat den toten Paracelsus, wie schon erwähnt, nicht ruhen lassen. Die Salzburger betten ihn einunddreißig Jahre nach seinem Tod um. Sie errichteten ihm im Vorraum der St.-Sebastians-Kirche in der Linzergasse ein Denkmal mit folgenden Inschriften:

»Bestattet ist hier Philippus Theophrastus, der hervorragende Doktor der Medizin. Er hat die schrecklichen Wunden, Aussatz, Gicht, Wassersucht und andere unheilbare und ansteckende Krankheiten durch seine an Wunder grenzende Kunst hinweggenommen. Seine Habe verteilte er unter die Armen. Er hat alles verschenkt.

Im Jahre 1541, am 21. September, vertauschte er das Leben mit dem Tod.

Bildnis und Gebeine des Philippus Theophrastus Paracelsus, der so großen Weltruhm durch chemisches Gold erlangt hat. Bis sie wieder mit seiner Haut umhüllt werden (Job. 19), wurden sie während der Instandsetzung der Kirche im Jahre 1752 aus dem verfallenen Grab gehoben und hier beigesetzt.«

Ein zweitesmal wurden die Gebeine des Paracelsus also im Jahre 1752 umgebettet.

Die goldenen Lebensregeln des Paracelsus

Im umfangreichen Schrifttum des Theophrast von Hohenheim finden sich unzählige Rezepte, Hinweise, ärztliche Ratschläge, die Wohlergehen, langes Leben, ›ewige‹ Jugend, Schönheit und Heilung versprechen. Die meisten dieser ›Rezepturen‹ und Weisheiten, so darf man annehmen, stammen nicht von Paracelsus selbst, sondern sie sind die Auslese aus der riesigen Fülle, die er in seinem Wanderleben durch die ganze damalige Welt gesammelt hat. Mancher Tee dürfte schon jahrtausendealt sein, manches Pulver auf assyrische, ägyptische, babylonische Heilkunst zurückgehen. Paracelsus hat alles, was er vorfand, geprüft, das Heilsame weiterempfohlen, so daß seine Sammlung vergleichbar ist einem präzisen Prüfstand der Medizin vor dem sechzehnten Jahrhundert. Wer Paracelsus studiert hat, der braucht sich nicht mehr mit Hippokrates, mit den alten Ägyptern oder Griechen zu befassen. Falls diese etwas zu sagen oder anzubieten hatten, was Wert ist, beachtet zu werden, ist es in das Werk von Paracelsus eingeflossen.

So ist es heute fast unmöglich, von Heilrezepten des Paracelsus zu sprechen. Sie können ebensogut von jedem anderen Arzt vor seiner Zeit stammen, von einem Kräuterweiblein, einem Schmied, einem Henker. Paracelsus hat sich nicht lange damit aufgehalten, seine Quellen anzugeben und zu erklären: »Das habe ich hier oder dort gefunden. Dieses stammt von Avicenna, jenes von der heiligen Hildegard von Bingen.«

Ich hab gefunden, Was viele
zu ihrem Unglück suchen.
Den Lapidem Philosophorum.

THEOPHRASTUS
PARACELSUS.

Inveni, quem plurimi
cum damno indagant
Lapidem Philosophor.

Paracelsus, Arzt und Naturforscher. Allegorischer Kupferstich von Johann Georg Hertli nach der Zeichnung von G. B. Goez, 18. Jahrhundert

Die Sammlung, die Wertung, die Auswahl des Nützlichen – das macht das Werk des Paracelsus so wertvoll. Vieles wäre wohl für immer verlorengegangen, hätte er es nicht festgehalten.

Die meisten Rezepte des Paracelsus sind heute nicht mehr anwendbar, weil sie entweder Zutaten enthalten, die heute kaum mehr zu beschaffen sind oder sogar unter das Rauschmittelgesetz fallen wie manche orientalische Droge, die er, wie in seiner Zeit üblich, verwendete.

Andere sind einfach überholt, weil es viel zu mühsam wäre, sie herzustellen, oder weil es mitterweile bessere Mittel gibt. Paracelsus hat noch nichts gewußt von Vitaminen, Enzymen, Spurenelementen. Sie standen ihm nicht zur Verfügung, so daß er recht mühsam und umständlich versuchen mußte, sie durch ›natürliche Substanzen‹ zu ersetzen, wobei er auch vor zermahlenen Gesteinen, etwa Lapislazuli, aber auch vor Schimmel, Erdbestandteilen, zermahlenen Perlen, abgeschabtem Goldstaub und dergleichen nicht zurückschreckte.

Um nur ein Beispiel solcher Rezepte zu nennen, ein Mittel zur Kräftigung des Organismus und zur Stärkung der Abwehrkräfte hauptsächlich seinerzeit gegen die Pest eingesetzt:

»So soll der Trank hergestellt werden, durch den die Pestilenz im Schweiß ausgetrieben wird:

Man nimmt:

einen guten Brandwein . . . ein Maß
einen guten Tiriak . . . zwölf Lot
Myrrhen . . . vier Lot
Thunfisch-Roggen . . . ein Lot
Tonerde . . . ein Lot
Schwalbenwurz (St. Lorenzkraut) . . . zwei Lot
Diptam . . . ein halbes Lot
Bibernel . . . ein halbes Lot
Baldrianwurzel . . . ein halbes Lot
Gaffer (Kampfer) . . . ein Quint

Diese Zutaten werden gut durcheinandergemischt, in ein sauberes Glas gegeben. Man läßt es acht Tage lang an der Sonne stehen. Wenn man krank ist oder sich schwach fühlt, nimmt man davon, je nach Zustand, einen halben oder einen Löffel voll. Dann legt man sich ins Bett und deckt sich gut zu. Sechs Stunden lang soll nichts gegessen und nichts getrunken werden . . .«

Am Ende des Buches sind ein paar einfachere Rezepte gesammelt, die sich problemlos auch heute anwenden lassen.

Viel wichtiger als solche ›Mittelchen‹ aber sind die Grundregeln der richtigen Lebensführung, die uns Paracelsus hinterlassen hat. Hier sind die wichtigsten zusammengefaßt:

Die vier apokalyptischen Reiter

»Das Leben«, schrieb Paracelsus, »ist wie ein Spaziergang auf einer Straße, die mit Rosensträuchern eingesäumt ist. Diese Sträucher besitzen lange Stacheln und kleine Blüten. Für den einen ist die Straße kurz, für den anderen ist sie lang. So oder so führt sie immer und ganz direkt zur unvorstellbaren Aufhellung des ewigen Nebels, wo uns, unausweichlich, der Tod erwartet.

Nun gibt es aber einige Faktoren, die dieses letzte Rendezvous beschleunigen, allen vorab sind es die ›Vier Reiter des Todes‹:

- Der weiße Reiter – das sind die unwissenden und arroganten Ärzte
- Der rote Reiter – das ist die Freßsucht
- Der schwarze Reiter – das ist der Haß
- Der fahle Reiter – das ist das Geld.

Der weiße Reiter

Sei mißtrauisch dem weißen Reiter gegenüber! Dieses mörderische Wesen kommt stets im Galopp daher. Doch man hört es nicht. Seine Hufe sind umhüllt mit Unwissenheit und

Anmaßung. Dieser Gehilfe des Todes trägt stets keck eine Standesmütze, damit man ihn auch von anderen unterscheiden kann.

Seine kreischende Stimme wird niemals einen Fehler zugeben. Er tut so, als wäre er der Schatten des Hippokrates, doch tatsächlich ist er ein wilder Esel. Zieh ihm den Mantel aus, dann entdeckst du den Schwanz des Teufels. Öffne seinen Schädel, dann findest du das Nichts.

Die Schreie des wilden Esels klingen stets feierlich. Er benützt Aussprüche, ohne deren Sinn zu kennen.

Er mischt Bikarbonat mit Arsenik und prostet dem Totengräber zu, als wäre der ein Prophet.

Die Begräbnisfeierlichkeiten haben schon stattgefunden, da ist er immer noch dabei, Rezepte zu verschreiben.

Jeder dieser Herren im Talar hat mehr Tote auf seinem Gewissen als eine Schlacht.

Seht euch vor, Freunde!

Wenn einer dieser Fürsten der Totengräber an euer Bett tritt, dann wendet euch ab und vertraut euch lieber dem Tod an. Bei ihm seid ihr noch besser versorgt!

Der rote Reiter

Auf der verschmutzten Tischdecke sind Hasen, Fasanen, Auerhähne aneinandergereiht. Auch Lämmer und Zicklein fehlen nicht. Ein wahres Gemetzel zur Gaumenlust!

Männer, Frauen, Herren und Dienstboten quatschen mit vollem Mund. Sie trinken und lachen, kreischen und singen.

Der Reiter selbst serviert die Fleischplatten und Soßenschüsseln. Und alle machen sie ihre Verbeugung vor diesem ›Großen Mann‹!

Welch ein Jammer!

Keiner dieser Schlemmer hat begriffen, daß das Fleisch den Körper auffrißt und daß ein zu üppig gedeckter Tisch das Leben erschöpft.

Ihr Jünger des Freßkultes – deckt doch die Medaille dieses Genusses um. Ihr findet die Kehrseite – Leiden!

Dreht die Medaille Leiden um, dann stößt ihr auf die Zeichen des Todes.

Laßt die Hasen im Wald herumspringen. Laßt die Fasanen am Himmel fliegen und bietet das gepfefferte Fleisch euren schlimmsten Feinden an.

Bleibt gesund. Sucht das wahre, frische Manna, das aus der Erde sprießt und an den Ästen der Bäume hängt!

Der schwarze Reiter

Auf dem Schild dieses Reiters steht nur ein einziges Wort – Haß! Sein Pferd ist schwarz wie die Nacht. Die Nacht ist sein Herrschaftsbereich.

Am Tor seines Schlosses hat er die Verzeihung gekreuzigt. Seine tägliche Mahlzeit besteht aus Haß, gepfeffert mit Neid oder Angst.

Der Bauch des Reiters ist ein Sack, gefüllt mit Dornen. Das Herz des Reiters ist ein Kind, das Purzelbäume schlägt.

Ärzte, Chirurgen und Alchimisten kommen aufs Schloß, um dem Reiter seine Leiden zu nehmen. Doch der Trank, Aderlaß und Inhalationen nützen nichts. Der Reiter ist schwer krank. Seine Krankheit ist der Haß. Der Reiter stirbt in den Armen seiner Ärzte, die noch dabei sind, seinen kranken Magen zu pflegen.

Paßt auf, Brüder!

Es gibt keine schlimmere Krankheit als den Haß. Er ist ein schleichendes Gift, das nach und nach alle Lebenskräfte lähmt. Er ist eine Geißel, die uns Menschen vorzeitig ins Grab zwingt.

Die Ärzte bleiben dabei, Magen und Herz zu behandeln – wo eine einzige Pille Verzeihen und Heiterkeit genügen würde!

Der fahle Reiter

Der vierte Reiter des Todes ist aufgeputzt mit Stoffen aus Seide, Gold und Silber. Seine Farbe ist fahl. Der Reiter zückt sein Schwert nur, wenn es ums Geld geht.

Anstelle seines Herzens hat der Reiter einen Goldklumpen, anstelle des Gehirns besitzt er einen kleinen Sack mit Goldstaub.

Und so verbringt er seinen Tag:

Er rast und findet niemals Zeit, den Himmel zu betrachten, den Duft einer Blume einzuatmen, die Stille des Waldes zu genießen.

Pferd und Reiter sind wie eine einzige Maschine, dazu da, Geld zu machen. Das Geld öffnet ihnen die Pforten der Schlösser und Kirchen. Es öffnet ihm auch die Türen zu den Prälaten und Damen.

Doch diese Reise ist kurz und beklemmend, denn der Durst nach Geld läßt die Lebenssäfte austrocknen und schafft einen fruchtbaren Boden für Krankheiten.

So kommt es, daß der fahle Reiter, nachdem er seine Gesundheit gegen das Geld eingetauscht hat, sich der Gnade der großen Professoren ausgeliefert sieht, die nichts anderes im Sinn haben, als sich an ihm ihre Taschen zu füllen. Was bleibt, ist ein pompöses Begräbnis!«

Das ist zweifellos der deftige, der grobe Paracelsus, der seiner Seele Luft verschaffen mußte.

Müßte er diese ›Vier Reiter des Todes‹ heute wesentlich anders formulieren?

Die Probleme zumindest scheinen in den vergangenen Jahrhunderten dieselben geblieben zu sein – Schädigungen durch zu starke und falsch angewendete Medikamente, Wohlstandsleiden, entstanden durch vorzeitigen Verschleiß der überladenen Organe, Haß oder anders gesagt – eine falsche Einstellung zum Leben, zum Nächsten und zu sich selbst – und schließlich Streß, das blinde und oft panische Jagen nach Karriere und Wohlstand... Sind das nicht genau die Übel, die unsere Krankenhäuser aus den Nähten platzen lassen und unsere Gesundheit ruinieren?

Wenn das aber so ist, dann haben die goldenen Lebensregeln des Paracelsus mehr denn je Bedeutung. Denn dann wären sie für uns geschrieben.

Heilkraft Heimat

Vielleicht gerade deshalb, weil er selbst zeitlebens heimatlos war und sich nirgendwo zu Hause fühlen durfte, sprach Paracelsus, ebenso wie sein Zeitgenosse Michel Nostradamus, immer wieder von der unschätzbaren Heilkraft der Heimat, der Früchte und Quellen, die dort der Erde entsprießen. »Wenn du dich nicht mehr wohl fühlst, dann kehre zurück an den Geburtsort, möglichst sogar in dein Geburts-

Paracelsus, Begründer der Chemiatrie und deren Verwendung in der Heilkunde, auf einem Flugblatt des 16. Jahrhunderts

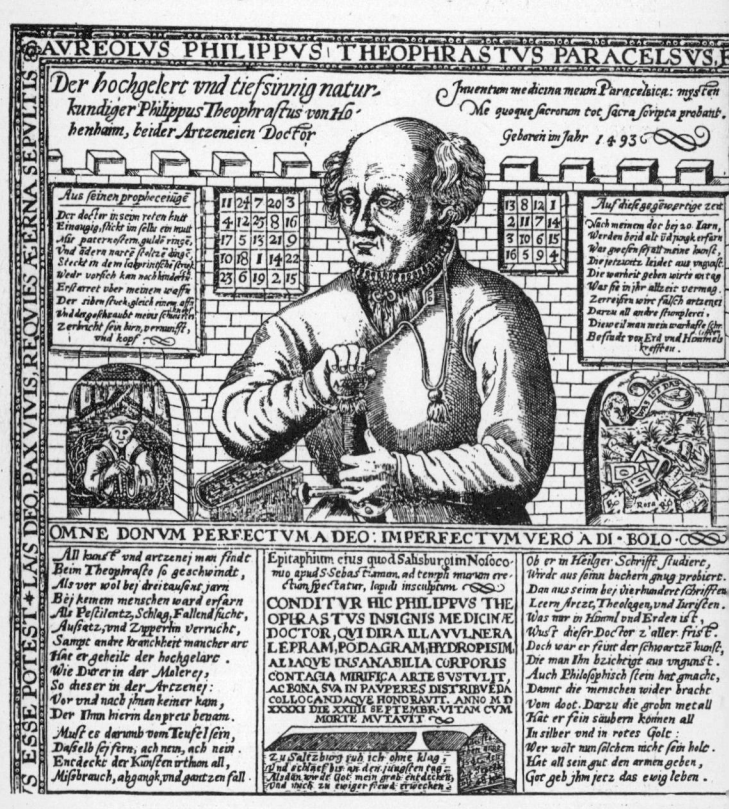

haus, und wäre es nur für eine kurze Erholungspause. Jener Ort ist wie eine natürliche Vorratskammer, die alles enthält, was du zur Gesundung brauchst. Nirgendwo sonst kannst du so rasch und so ausgewogen das natürliche Heilmittel finden in allem, was du einatmest, ißt und trinkst . . .«

Es wurde schon von der Einordnung des Menschen in die natürlichen Zeitrhythmen gesprochen. Hier geht es um die räumliche Einordnung: Die Natur hat dich hervorgebracht. Weil du ein Stück von ihr bist, ist sie zugleich die Quelle, aus der du die Gesundheit schöpfen kannst. Doch weil die Natur an jedem Ort der Welt anders ist, ist die heilkräftigste Natur die deiner Heimat.

Hier geht es nicht nur um die Heilkräuter, von denen Paracelsus ganz selbstverständlich annahm, daß sie jeweils genau auf die Einheimischen abgestimmt sind: Es wächst genau das Kraut, das den hier üblichen Krankheiten abhelfen kann.

Es geht um alles, was hier wächst und als Nahrung dient. Es geht um das Essen und Trinken ganz allgemein.

In der Heimat, aus der mein Körper stammt, wächst auch das, was er braucht. Deshalb muß ein frischgepflückter, heimischer Apfel viel gesünder sein als die schönste, gesündeste Orange aus Brasilien oder die Kiwifrucht aus Australien.

Aber das ist noch nicht alles: Es geht auch um Witterung und typisches Ortswetter der Heimat, um Luftdruck, Luftfeuchtigkeit und die vielen damit verbundenen Umweltbedingungen ganz allgemein: Ich bin ja so, wie ich geworden bin, nur geworden, weil alle diese Faktoren mitgewirkt haben.

Man kann, extrem gesprochen, ein Edelweiß nicht aus zweitausend Metern Höhe und kargem Kalksteinboden herausnehmen und im eigenen, fetten, warmen Garten einpflanzen. Es müßte eingehen, weil es aus seiner bisherigen Umgebung herausgerissen wurde und nun zwar einen Überfluß an Angeboten vorfindet – aber nicht mehr das, was oben im Berg gegeben war.

Und noch ein Schritt weiter – es geht schließlich auch um die Menschen, die ich zu Hause verstehe, weil sie so sind, wie ich bin, aus derselben Tradition stammen und dieselben Wurzeln besitzen.

Der amerikanische Arzt Dr. William J. Goldwag hat diese Erfahrung des Paracelsus so formuliert: »Wer immer zum erstenmal den Satz ausgesprochen hat: ›Man ist, was man ißt‹, der hätte treffender sagen sollen: ›Man ist, was man ißt, wo man ißt, mit wem man ißt, was man sieht und hört, während man ißt, was man beim Essen denkt und was man dabei fühlt und empfindet.«

Anders gesagt – jede noch so kleine Störung, jeder falsche Gedanke kann mein Essen verderben, so daß es mir nicht bekommt. Speziell beim Essen muß man sich wohl, geborgen, daheim fühlen, weil nur dann das Essen zum Heilmittel werden kann.

Sind das nicht möglicherweise ganz wichtige Hinweise für den wurzellosen modernen Menschen, der keine rechte Heimat mehr hat, für seine Kur- und Urlaubsplanung?

Das Gute muß stets gegenwärtig sein

Zur Zeit des Paracelsus war man überzeugt davon, daß mißgünstige, neidische, haßerfüllte Gedanken nicht nur ›Absender‹ und ›Adressaten‹ verletzen und ›vergiften‹, man glaubte ebenso fest, daß solche Gedanken auch auf Gegenstände, besonders verhängnisvoll auf die Speisen übergehen können, um sie zu verderben und schädlich werden zu lassen. Deshalb galt als Regel: »Ein einfaches Mahl, und wäre es noch so karg, unter Freunden und sympathischen Menschen eingenommen, ernährt besser und ist gesünder als die reichste Tafel, an der fremde, schlechte Menschen sitzen. Deshalb ist es besser, zu Hause zu essen. Vor allem das Abendessen sollte daheim eingenommen werden. Man muß allerdings gleichzeitig dafür sorgen, daß am Tisch eine heitere und gelöste Stimmung herrscht. Wer zornig oder wütend oder deprimiert oder haßerfüllt ist, sollte lieber einen anderen kochen lassen, sonst überträgt sich seine unheilvolle Stimmung auf die Speisen. Und die bringen dann Unwohlsein und Krankheit.«

Man mag in den letzten Jahrhunderten über solche Vorstellungen nachsichtig gelächelt haben. Heute würde man damit nur zeigen, daß man nicht so ganz auf dem laufenden ist, weder die Welt der Alten verstanden hat noch moderne Einsichten zur Kenntnis nimmt.

Wer hätte vor zweihundert Jahren noch für möglich gehalten, daß man Stimmen, Melodien, Töne aller Art auf Schallplatten und Tonbänder bannen und immer wieder abspielen kann?

Wissenschaftler sind überzeugt davon, daß sich jedes gesprochene Wort nicht nur in weiche Wachsplatten und auf magnetisch gerüstete Bänder aufnotieren läßt, sondern daß es sich in die Wände unserer Wohnungen ›eingräbt‹, in Tische und Schränke, in Bilder und Glasscheiben und Metallgegenstände. In absehbarer Zeit wird es wohl gelingen, den ›Tonsalat‹ in alten Wohnungen zu entwirren. Unsere Nachkommen werden uns belauschen, weil nichts verlorengegangen ist.

Irgendwann werden sich Gedanken messen, lesen, hörbar und sichtbar machen lassen. Daran zweifelt keiner mehr, der sich ernsthaft mit der Problematik befaßt hat. Denn Gedanken sind ja Energien, ›leibhaftige Geister‹, wie Paracelsus sagte. Warum sollte sich diese Energie nicht auf eine Weise, die wir heute noch nicht begreifen, an ein Medaillon haften lassen, um von dort einen Segen abzustrahlen? Wieso sollte es eigentlich lächerlich sein, daran zu glauben, daß gute und böse Gedanken von Mitmenschen aufgefangen werden, daß sie ›spüren‹, was man wirklich denkt? Daß sie krank werden, wenn die Gedankenkräfte von bösen, unguten Wünschen begleitet werden – oder gesund, wenn sie Gutes in sich tragen? Nicht die verträumten, unrealistischen Spinner befassen sich heute in erster Linie und sehr intensiv mit der Energie der Gedankenkräfte, sondern die Militärs, die Weltraumforscher, die Techniker.

»Wir Amerikaner waren die ersten, die einen Menschen auf den Mond schickten. Wir werden auch die ersten sein, die einen Psychonauten in das Innerste des Menschen schicken«, verspricht eine Studie der Weltraumbehörde NASA.

Die Russen kontern: »Die Beherrschung der psychischen Energien wird ein noch größerer Schritt sein und weitreichendere Auswirkungen haben als die Entdeckung der Atomkraft.«

Schon heute wird mit dieser ›Geheimwaffe‹ experimentiert: Die Militärs versuchen, mit Gedankenkraft Raketen und unbemannte Flugzeuge zu steuern, weil sie damit unabhängig würden von Funksprüchen, die der Gegner beeinflussen kann.

Sie lassen Medien Befehle an getauchte Unterseeboote erteilen – wiederum, weil damit der Funkweg ersetzt werden kann.

Und auch das ist nicht nur Gedankenspielerei, sondern bereits Experiment. Geheimdienste proben das ›Seelenattentat‹. Staatsmänner, Kommandeure sollen mit Gedankenkräften so beeinflußt werden, daß sie falsche Entscheidungen treffen oder seelisch zusammenbrechen.

Darf da noch einer über Paracelsus und seine ›naiven‹ Vorstellungen lachen?

Die Welt, so hat er gesagt, kann nur gesund werden, die Menschen haben nur eine einzige Chance, glücklich zu werden, wenn sie aufhören, falsch und verlogen und hinterlistig und aufeinander neidisch zu sein, einander das Glück zu mißgönnen und sich gegenseitig in einem fort zu ›kränken‹.

Mein Partner ›weiß‹ es eben doch, ob ich ihn wirklich liebe oder ob ich nur so tue. Seine Seele spürt es. Sie vermag zwischen echt und unecht sehr wohl zu unterscheiden – auch wenn das nicht ins Bewußtsein dringen sollte.

Der Mensch wurde unglücklich und krank, als er die Frucht vom ›Baum der Erkenntnis‹ aß, wie es in der Bibel heißt. Die damit gewonnene Fähigkeit, das eigene Tun zu überdenken, zwischen Gut und Böse zu unterscheiden und die Dinge anders zu nennen, als sie sind, zu lügen, hob ihn über alle Geschöpfe hinaus und machte ihn gottähnlich.

Doch damit begann auch sein Elend.

Er fing an, an seinem natürlichen, instinktiven Verhalten zu zweifeln. Er begann, gegen sich zu handeln, sich zu zerreißen.

Damit trat all das in sein Leben, was noch heute für das Unglück verantwortlich ist – Hemmungen, Verklemmungen, Frustration, Eifersucht, Neid, grenzenloser Ehrgeiz, Arbeitswut, Größenwahn, Resignation – die Hoffart, wie Paracelsus es nannte, das Mehr-und-anders-sein-Wollen.

Die Natur und das Gottähnliche liegen einander pausenlos in den Haaren. Die innere Harmonie ist zerbrochen, die Gesundheit dahin.

Der Wahlspruch des Theophrast von Hohenheim lautete: Alterius non sit, qui suus esse potest – keinem anderen soll gehören, wer sich selbst gehören kann.

Das ist letztlich damit gemeint: Wir müssen in seinem Geiste wieder lernen, uns selbst zu gehören, uns im ganzen Wesen treu zu sein, uns mit allen Anlagen zu bejahen. Denn nur so finden wir zurück zur inneren Harmonie, von der die Kraft ausgeht, die uns selbst und andere gesund macht. Nur wenn wir mit uns selbst einig sind, kann keine fremde Macht, nichts von außen die Herrschaft über uns gewinnen.

Aus der Rezepte-Schatztruhe des Paracelsus

»Es gibt drei Säulen der Gesundheit: Wasser, Luft und Kraut«, prägte Paracelsus seinen Patienten immer wieder ein.

Dazu eine typische Geschichte, die überliefert wurde: Als sich Paracelsus in Straßburg aufhielt, brachte man ihn eines Tages zu einer jungen Frau. Sie war stark abgemagert und bereits teilweise gelähmt. Nach den beschriebenen Symptomen litt sie vermutlich an der gefürchteten Multiplen Sklerose. Paracelsus heilte die Frau mit folgendem Rezept: Drei Monate lang durfte sie nichts anderes essen als ungekochtes Weißkraut, ganz fein aufgeschnitten. Als Getränke war nur frisches Quellwasser erlaubt. Sodann mußte die Kranke täglich ein wenig Wasser kochen und eine kleine Tasse der Brühe abends vor dem Schlafengehen trinken. Die junge Frau, so heißt es, »kam nach und nach zu Kräften, konnte bald wieder ein normales Leben führen«. Sie soll sehr alt geworden sein.

Über die ›drei Hauptheilmittel‹ Wasser, Luft, Kraut sagte Paracelsus: »Es gibt keine bessere Massage als die der milden Luft. Die meisten Kopfschmerzen verschwinden, wenn man sich, vor allem im Frühling, ganz ohne jede Bekleidung einige Minuten lang der lauen Luft aussetzt und dabei tief ein- und ausatmet...

Quellwasser ist der zuverlässigste Energiespender. Speziell die Quellen der Heimat enthalten alle Kräfte, die der Körper braucht. Es ist daher heilsam, sooft wie nur möglich von Quellen zu trinken und in ihnen zu baden...

Kraut ist ein Allheilmittel. Wenn der Aderlaß nicht mehr hilft, braucht man die Hoffnung auf Genesung nicht aufzugeben. Man sollte es mit einer Heilkur versuchen, bestehend aus Kraut, roh und gekocht, Roggenbrot und Quellwasser. Im Kraut finden sich Heilstoffe, die selbst die schlimmsten Übel kurieren...

Das Verjüngungselixier

Paracelsus hat ein Elixier hinterlassen, das, wie er sagt, die Jugendkraft erhält und den ›inneren Heilmeister‹ bei Kräften hält. Es besteht aus Heublumen, den Blättern der schwarzen Nieswurz, Spuren von Gold und Perlen sowie der Essenz von Safran, Schöllkraut und Melisse.

Ein Teil Heublumen wird mit fünf Teilen der getrockneten Blätter der schwarzen Nieswurz zu Pulver zerstoßen und vermischt. Dazu kommen winzige Mengen von Goldstaub und einer fein zermahlenen Perle (oder Gold und Perle gelöst, wie beispielsweise in homöopathischen Verdünnungen). Schließlich wird das Ganze in je zweieinhalb Teilen Essenzen von Safran, Schöllkraut und Melisse verrührt und in Gläsern aufbewahrt. Man nimmt davon täglich einen halben Teelöffel voll in einem Schluck Wein gelöst.

Als Anmerkung dazu: Paracelsus hat das Gold, das heute beispielsweise in Rheuma-Medikamenten verwendet wird, zu einem sogenannten ›aurum potabile‹ gelöst, einem flüssigen Gold. Die Perlen zerstampfte er, schüttete Essig darüber und ließ sie einen Monat lang stehen. Dann wurde der Perlensatz in frischem Essig gekocht, bis alle Flüssigkeit verdampft war, und schließlich in destilliertem Wasser gelöst.

(Wer ein solches Rezept selbst herstellen möchte, sollte sich nach sogenannten spagyrischen Essenzen erkundigen. Man bekommt sie von der Firma Staufen-Pharma in Göppingen).

Und die *Kraftspeise der Jugend,* die den ganzen Organismus stärkt und vor allem nicht mehr ganz jungen Menschen empfohlen wird: Etwa dieselbe Menge von Zwiebeln, Kraut, Knoblauch, Karotten und Spinat werden so fein wie möglich zerkleinert und zu einem Mus vermischt. Das bewahrt man in einem verschlossenen Glas auf. Jeden Abend vor dem Schlafengehen übergießt man in einer kleinen Tasse einen halben Teelöffel davon mit heißem Wasser und trinkt es.

Melisse gegen Depressionen

Depressionen, so sagte Paracelsus, kommen von der ›schwarzen Galle‹ – griechisch Melancholie.

Als eines der wirksamsten Mittel gegen die ›unsinnige Traurigkeit‹ empfahl er das Heilkraut Melisse. »Es vertreibt alles Leid, das von der Melancholie herkommt, und macht frohe Träume...«

Sein Melissenrezept: Frische Melissenblätter werden fein zerschnitten über den Salat gestreut.

Oder: Melissenblätter werden im Schatten getrocknet und dann zu einem Pulver zerrieben (wobei man darauf achten muß, daß die Melisse niemals mit einem Metallgefäß in Berührung kommt!). Das Pulver, etwa eine Handvoll, kocht man in einem Liter Wein so lange, bis dieser etwas eingedickt ist. Der Wein wird dann gesiebt und in eine Flasche aus dunklem Glas abgefüllt. Man trinkt davon einen Teelöffel.

Heute kann man Melissengeist überall bekommen.

Kamillen gegen Kopfschmerzen und Migräne

Paracelsus hat schon gewußt, daß die meisten Kopfschmerzen aus Verspannungen und Verkrampfungen resultieren. Deshalb empfahl er als sofort wirksames Heilmittel Kamillenumschläge.

Kamillenblüten werden zu Pulver zerstoßen und mit derselben Menge Gerstenmehl vermischt. Hinein gibt man noch ein paar Tropfen Kamillenöl. Dann kocht man die Mischung in nicht zuviel Wasser so lange, bis ein Brei entstanden ist. Ihn streicht man warm, aber nicht heiß auf ein Tuch und legt dieses auf Stirn und Schläfen, gegebenenfalls auch in den Nacken.

Und eine Abwandlung dieses Mittels zur leichteren Anwendung: Zwei Handvoll Kamillenblüten werden in einem halben Liter Wein, verdünnt mit ebensoviel Wasser, kurz aufgekocht. Dann gibt man drei Achtel frische Butter hinein und läßt das Ganze so lange weiterkochen, bis die Flüssigkeit fast völlig verdampft ist. Der Satz wird durch ein Leinentuch fest ausgepreßt, wobei man eine Salbe erhält, die sich, gut verschlossen, aufbewahren läßt, um bei Kopfschmerzen leicht eingerieben zu werden.

Roggenbrot gegen Rheuma

Als schmerzlinderndes und heilsames Mittel gegen jede Art von Rheuma-Schmerzen empfahl Paracelsus: Man wirft ganz frisches, möglichst noch warmes Vollkornbrot in kochendes Wasser. Sobald es richtig weich geworden und etwas abgekühlt ist, preßt man das Wasser kräftig heraus. In den Brei gibt man die Dotter von drei frischen Eiern und reichlich Rosenöl. Das wird dann gut vermischt und geknetet. Schließlich gibt man noch eine frische Brise Safran darüber. Diesen Brei nun streicht man auf ein Tuch und legt dieses über das schmerzende Glied oder den schmerzenden Muskel. Paracelsus versichert: »Es stillt die Schmerzen gewaltig!«

Fasten besiegt die Angst

»Wer ständig in Angst lebt, wird bald keinen Schnaufer mehr tun«, warnte Paracelsus.

Er wußte aber auch schon, daß nicht jede Angst einen triftigen Grund braucht. »Viel Bedrängnis ist da, weil das Blut, vor allem im Winter, dick und träge und giftig geworden ist und große Müdigkeit in die Glieder verbreitet. Diese Müdigkeit ist eine ständige Quelle für Krankheiten des Gemüts...«

Sein wichtigstes Mittel dagegen – Fasten. Und so soll es eingehalten werden: »Lege in jedem Monat einmal, am besten in den letzten Tagen des abnehmenden Mondes, einen Fasttag ein. Halte an diesem Tag deinen Magen leer. Esse nur zwei, drei frische Äpfel und trinke Quellwasser (Mineralwasser). Du wirst bald merken, daß an solchen Tagen der Geist besonders frei und leicht ist. Du kannst mehr als sonst leisten. Dieses Fasten ist das trefflichste Mittel für eine schöne Haut und eine heitere Stimmung. Willst du gesund und frohen Mutes bleiben, dann halte dich ganz allgemein an folgende Regel: Bewege dich täglich doppelt so lang, wie du sitzend am Tisch beim Essen verbringst.«

Die Anti-Angst-Kur

Dieses Rezept hat Paracelsus vor allem Frauen gewidmet, die »vor Angst vor dem, was die Zeiten bringen können, kaum mehr zu atmen wagen«. Es ist, wie viele Paracelsus-Arzneien, sehr einfach: »Laß in wenig Wasser fünf Malvenblüten, zehn Pfefferminzblätter, fünf Salbeiblätter und ein kleines Stück einer Brennesselwurzel eine Zeitlang kochen. Sobald der Tee abgekühlt ist, trinke ihn. Trinke ihn zweimal täglich und wenigstens drei Monate lang, danach wirst du dich wie neugeboren fühlen...«

Das Rezept gegen große Anfälligkeit und unerklärliche Müdigkeit

»Im Winter«, sagte Paracelsus, »wird das Blut leicht zu dick. Wenn man nichts dagegen tut, wird es zur Quelle der Müdigkeit. Träges Blut schafft viele Krankheiten.«

Als wichtigste Maßnahme gegen das träge Blut verordnete er das gezielte Fasten – und ein ganz einfaches Rezept: »Man wirft eine Handvoll frischer Brennesselwurzeln, die gut gewaschen und in kleine Stückchen zerteilt wurden, in einen Liter Wasser. Das Wasser läßt man gut eine halbe Stunde lang kochen.

Von diesem Brennesselwurzeltee trinkt man täglich zwei kleine Tassen...«

Der Salat-Schlaftrunk

Schon der berühmte römische Arzt Galenos (130 bis 201 nach Christus) hatte erkannt: Eines der wirksamsten Schlafmittel ist eine tüchtige Portion grüner Salat unmittelbar vor dem Zubettgehen. Er selbst, so hat er uns hinterlassen, ging in älteren Jahren niemals schlafen, ohne einen Salat (mit viel Öl, wenig Salz und noch weniger Essig) zu sich genommen zu haben.

Tatsächlich enthält der Salat neben vielen wertvollen Vitaminen, Kupfer, Eisen und Mineralien eine sanfte Beruhigungsdroge, die den großen Vorteil besitzt, daß sie nicht süchtig macht. In manchem Hustensaft ist deshalb diese Droge aus dem Kopfsalat.

Paracelsus verordnete den Salat als Schlafmittel auf folgende Weise: »Einige sehr gesunde Salatblätter werden zusammen mit einem Krautblatt auf kleiner Flamme kurz gekocht. Das Wasser soll nur ein paarmal aufsprudeln. Von diesem Salat-Tee trinkt man, eventuell mit Milch und leicht gezukkert, vor dem Schlafengehen etwa eine Tasse voll – aber nicht zu heiß!«

Riechen Sie sich frei!

»Gestank zerreißt die Menschen. Wohlgeruch fügt sie wieder zusammen«, erkannte Paracelsus. Und deshalb gab er folgenden Rat: »Nützt doch eure Nase und saugt den Frieden in eure Seele hinein.«

Ein köstlicher Duft gehörte in den alten Zeiten zu den größten Kostbarkeiten überhaupt – gerade, weil er als Heilmittel empfunden wurde. Man stellte die Blumen weniger als Schmuck, vielmehr als Heilkraft ins Zimmer.

Zur Zeit des Paracelsus wußte jede Frau, wie man Parfum zubereitet und welche Heilkräuter man zwischen die Wäsche steckt, damit diese gesund und frisch duftet. Die Leute kannten sogar die ›astrologischen Duftnoten‹ und wußten, welcher Duft zu welchem Tierkreiszeichen gehört.

Paracelsus empfahl nervösen Menschen, mehrmals am Tage an blühenden Veilchen zu riechen. Sie sollten Veilchenblüten in ein Leinensäckchen nähen und auf das Kopfkissen legen, damit sie rascher zur Ruhe und zum Schlaf finden.

Die hinterlassenen Schriften des Paracelsus

Dem Erzbischof Prinz Ernst von Köln ist es zu verdanken, daß schon bald nach dem Tod des Theophrast von Hohenheim der Versuch unternommen wurde, sein Gesamtwerk sicherzustellen und gedruckt herauszubringen. Der Kirchenfürst, ein großer Anhänger des Paracelsus, beauftragte mit dieser schwierigen Aufgabe den Arzt Dr. Johann Huser aus Großglogau. Er stellte zehn dicke Bände zusammen, die in den Jahren 1589/1590 in Basel gedruckt wurden, die berühmt gewordene Husersche Gesamtausgabe der Schriften des Paracelsus:

Band 1: Liber paramirum I und II – Das Buch von den Ursachen der Krankheiten. (Von Paracelsus eigenhändig niedergeschrieben.)

Band 2: Liber paragranum – Die Paracelsische Philosophie der Medizin (die fünf Säulen der Medizin). Dazu: Eine Chronik des Landes Kärnten, ›Defensiones‹, Rechtfertigungen gegen Angriffe, und eine Schrift über Steinleiden. (Auch diese Schriften hat er größtenteils noch selbst geschrieben.)

Band 3: De viribus membrorum – Von den Kräften des Organismus. Bei diesem Band handelt es sich um eine Sammlung zahlreicher kleinerer Schriften mit ganz verschiedenen Themen. Unter anderem findet man darin Rezepte gegen Asthma, Fieber, Kopfweh etc. (Teilweise von Paracelsus, teilweise von Schülern niedergeschrieben.)

Band 4: Traktate über verschiedene Krankheiten – eine Sammlung ärztlicher Ratschläge zu seelischen Erkrankungen, Fallsucht (Epilepsie), Depressionen, Wahnsinn, Besessenheit, Wassersucht, Gelbsucht, Koliken, Gicht etc. (Größtenteils nach Handschriften seiner Schüler.)

Band 5: Von der Bergsucht – über typische Berufskrankheiten der Bergleute. Dazu eine Abhandlung über Steinleiden, ärztliche Ratschläge, die Paracelsus schriftlich Patienten gegeben hat, Fragmente über Zauber, teuflische Einflüsse, Ahnungen, Träume etc. (Von Schülern niedergeschrieben.)

Band 6: Philosophisch-medizinische Lehrschriften – Von den Geheimnissen des Mikrokosmos, der Elemente, der Arcana, der geistigen Heilkräfte, über Lebenselixiere, Wünschelrute etc. (Eigene Handschriften und Manuskripte der Schüler.)

Band 7: Schriften über die Anwendung von Heilkräutern und Heilquellen. (Teils nach eigenen Handschriften, teils nach Manuskripten der Schüler.)

Band 8: Über die Schöpfung, die Elemente, die Natur des Menschen, über Regen, Blitz, kosmische Erscheinungen, von der Entstehung der Mineralien. (Nach Manuskripten seiner Schüler und bereits vorliegenden Drucken.)

Band 9: Philosophia occulta – über Geister, Hexen, Zauberer, Glück und Unglück, die Heiligen und ihre Wunder, von Erscheinungen Verstorbener, über die Macht der Einbildung, über magische Formeln und Zeichen, schwarze Magie etc. (Größtenteils nach Manuskripten seiner Schüler.)

Band 10: Die große Astronomie – (Philosophia sagax) – philosophische Deutungen der Harmonie der Schöpfung, Prognostiken, Praktiken etc. (Teils nach eigenen Aufzeichnungen, teils nach Drucken.)

In dieser Gesamtausgabe fehlen die theologischen Schriften völlig. Vermutlich hat sie der Erzbischof von Köln absichtlich unterschlagen. Ebenso ist das dicke Werk, die ›Große Wundarznei‹, nicht enthalten.

Zwischen 1923 und 1933 hat Karl Sudhoff die medizinischen, philosophischen und naturwissenschaftlichen Werke des Paracelsus in vierzehn Bänden in Berlin herausgebracht. Sie sind 1960 in Einsiedeln neu aufgelegt und mit zehn Bänden der theologischen und religionsphilosophischen Schriften ergänzt worden.

Bernhard Aschner hat 1932 die zehn Bände der Huserschen Gesamtausgabe erstmalig in moderner Sprache in Jena herausgebracht.

Register

Adam von Bodenstein 123
Aderlaß 93, 161
Akupunktur 52, 127
Alchimie, Alchimist 72, 85, 86, 87, 126
Alexander VI., Papst (1492–1503) 27
Allergien 56
Alphonso d'Este 21
Amerbach, Prof. Bonifatius 64
Antibiotika 88
Apollo 40
Apokalyptische Reiter, Vier 150
Appenzeller Land 113, 115
Appetit 82
Archeus, Lebenskraft 60, 61, 136
Aristoteles 25
Arkanum, Seele 60
Arsen 66, 141, 151
Artemisia (Beifuß, Jungfernkraut) 120
Astrologie, astrologische Schriften 26, 72, 75, 81, 83, 84
Aschner, Bernhard 169
Astronomie 72, 76, 120, 168
Augen 58
Augsburg 91, 94, 103, 116
Auerbach, Basilius 49
Autogenes Training 108
Autosuggestion 62

Avicenna, Ibn Sina (980–1037) 28, 40, 52, 147
Azoth (›roter Löwe‹) 93, 95, 97, 124

Bader, Cäcilia 92, 93, 94
Bader, Viktor 91, 92
Bakterien 56, 58, 102
Basel 9, 15, 19, 37, 39, 42, 45, 46, 48, 49, 50, 63, 64, 70, 131
Bauernaufstand 35
Beratzhausen/Labertal 72, 89
Bikarbonat 151
Biorhythmus 76, 77, 79, 80
›Biosystem‹ 58
Blei- und Arsenikvergiftung 56
Blut 63, 135
Bingen, Hildegard von 147
Blutdruck 62, 128
Borgia, Lukrezia 21, 27
Brennessel 164
Burgkmair, Hans 13, 54

Calvin 21
Celsus, Cornelius Aulus (ca. 25–50) 9
Chemotherapie 14, 18, 127
Christian II., König von Dänemark 34
Christus 9, 69, 110, 113, 114, 140

170

›Chronia und Ursprung dieses
  Landes Kärnten‹ 121
Colmar 63, 64, 67, 70, 72
Cornelius von Liechtenfels,
  Domherr 10, 11, 43, 45, 47
Con, Emile (1857–1926) 108
crocus martis (›verbranntes
  Eisen‹) 31

Darm 76, 81
Darwin, Charles (1809–1882)
  136
David 68
De Bry 8
Depressionen, endogene 53,
  99, 162, 164, 168
Diabetes 56
Dreißigjähriger Krieg 21
Drüsen 81

Einsiedeln 15, 16, 21, 67, 133,
  169
Elephantiasis 70
Empfängnis 75
Ens astrale/deale/naturale/spiri-
  tuale/venale 56, 57
Erasmus von Rotterdam
  (1456–1536) 12, 22, 37, 73
Erbschaden 56
Erfrierungen 113
Erkältungskrankheiten,
  Grippe 59
Ernst, Fürst, Pfalzgraf zu
  Rhein 122
Ernst von Bayern, Bischof 129
Ernst von Köln, Prinz 167, 169

Fasten, Heilfasten 163
Fernel, J. 23
Ferrara 21, 27, 28, 30, 49

Fieber 60, 100, 119, 167
Frachmair, Klaus 138
Franz, Diener 129, 130
Freiherr von Stauff 72
Freud, Sigmund (1856–1939)
  103
Fries, Lorenz 63, 70
Frobenius, Hieronymus 47
Frobenius, Johannes 37, 42, 47
Fugger 71

Galenus, Claudius (129–199)
  28, 40, 52, 165
Galle 81
Gebärmutter 76
Gedanke, positiv und nega-
  tiv 156, 157
Gehirn 81
Geschlechtskrankheiten 70, 71,
  133
Geschlechtsorgane, Unter-
  leib 81
Geschwulst, Geschwür 25, 100
Gift 66, 67
Glaube 25, 62, 105, 106, 110
Gold 85, 97, 124, 126, 129, 130,
  131, 145, 146, 153
Goldwag, Dr. William J. 156
›Große Wundarznei‹ 117, 119,
  169
Guajak-Holz 71
Gyger, Ulbrich 11, 12

Halsschmerzen 58
Haut 58, 70
Heilige Schrift 106
Heilkräuter 25, 61, 81, 85, 155,
  165, 169
Heilung, Hauptwege 61, 62
Herzfehler 57

171

Herzog von Geldern 34
Herztransplantation 102
Hiob 57
Hippokrates (460–377)
 40, 52, 147
Hirschvogel, Augustin 142
Hitler, Adolf 144
Horoskop 75, 76
Huser, Dr. Johann 167

Ingolstadt 91, 94, 103
Insektenstiche 119
Insulin 78

Johann von der Leipnik,
 119, 120

Kälte- und Wärmereiz 61
›Kalender, mit Hinweisen auf
 das Wetter‹ 72
Kaiser Maximilian 12, 34
Kalbsohr, Johannes 139
Kamille 162, 163
Kepler, Johannes 77, 78
Klimakur 61
Knoblauch 162
Knochenbrüche 119
König Ferdinand I. 28, 121
König Heinrich VIII. (1491–1547)
 20
Körpertemperatur 78, 82
Kolumbus, Christoph 20
Kopernikus, Nikolaus
 (1473–1543) 20, 21
Kopfschmerzen, Migräne 61,
 160, 167
Krebs 55, 70, 100, 101, 102, 125
Kreislaufstörung 61
Küng, Hans 23
Kupferschlag 31, 120

Lachner, Wolfgang 37
Lähmungen 96
Laudanum-Pillen 97
›Lebenselixier‹ 131
Leber 81
Leipnik, Johann von der
 125
Leistungsfähigkeit 78
Leonardo da Vinci (1452–1519)
 22, 135
Liebstöckel 126
Lunge 81
Luther, Martin 10, 14, 20, 21,
 30, 39, 52, 68
Luzifer 101

Magen 76, 81, 100, 101
Magengeschwür 100, 116
Magnus, Albertus (1193–1280)
 19, 62, 77, 78, 83
Majoran 76
Medici 135
Medikamente 78, 79, 80, 87, 88,
 101
Melisse 76, 161, 162
Milz 81
Mondzyklus 77, 78
Montpellier 22
Multiple Sklerose 160

Nächstenliebe 69, 113
Naturwissenschaft 14
Nervenleiden 96
Nieren 81, 116
Nieswurz 161
Nietwanger, Thomas 123
Nostradamus, Michel
 (1503–1566) 20, 22, 143, 144,
 145, 154
Nürnberg 50, 70, 72, 89, 91

Ochsner, Els 16, 132
Oekolampadus, Johannes 37
Ohren 58
Oporinus, Johannes 11, 131

›Paragranum‹ 72
Pest 20, 103, 115, 116, 123, 149
Pfefferminz 164
Pharmazie 87
Philipp I., Markgraf von Baden 36
Philosophie, philosophische Schriften 25, 26, 72, 73, 75, 85, 120, 128, 168
Pocken 102
Prophezeiungen 139, 140, 141, 143, 144
Psychiatrie 98, 103
Psychisches Leiden, psych. Krankheiten 97, 98, 99
Psychopathologie 98
Psychosomatik 84
Psychotherapie, Psychoanalyse 103
Ptolemäus, Claudius (100–160) 84

Quecksilber 66, 67, 96, 99, 123, 124, 126, 129, 130, 141
Quecksilbersalbe 50

›Raucherbein‹ 37
Regel, Monatsblutung 76, 77
Regensburg 50, 72, 89, 90, 91
Renaissance 27, 30
Rheuma 79, 163
Roggenbrot 161, 163
Röntgenstrahlen 67, 102
Rosenöl 163
Rosmarin 126

Ruhr, Darmerkrankung 36
Russinger, Fürstabt 116

Safran 161, 163
Salat 165
Salbei 126, 164
Salz 99
Salzburg 17, 34, 35, 36, 122, 123, 125
St. Gallen 103, 104, 111
Sankt Paul im Lavanttal, Benediktinerkloster 18, 23
Samen, männlicher 107
Schlangenbiß 119
Schnittwunden 119
Schnupfen 58
Schultz, Prof. Dr. J. H. (1884–1970) 108
Schwefel 100
Scholastik 23
Selbstsuggestion 108
›Silber- und Goldglett‹ 31
Sokrates 26
Seiseröhre 58
Spengler, Lazarus 70, 72
Stainer, Heinrich 103, 116
Sterzinger, Walther 123, 124
Stoffwechsel 78
Straßburg 36, 37, 45, 116, 131
Sublimat 67
Sudhoff, Karl 169
Syphilis 71, 123, 133

Theologie, theologische Schriften 26, 67, 68, 69, 105, 120, 128
Thomas von Aquin (1225–1274) 19, 23, 25, 83, 120, 136
Tuberkulose 70

Tugend (»Virtus«) 89
Tumor 55, 62

»Über die Behandlung von Wunden« 66
»Über die Kräfte des Körpers« 66
»Über die Leiden des Geistes« 66
»Über die rechte Chirurgie« 66
»Über die Ursachen der Krankheiten« 66
Unterernährung 113
Urin 63

Vadianus, Prof. Joachim 104
Varnier 116
Vergiftung 100
»Vier Säfte« 52, 53
Villach 17, 19, 34, 104, 121

Virchow, Prof. Rudolf (1821–1902) 101, 102
Virus 56, 58, 62
»Von den Ursprüngen der Dinge« 137

Warzen 102
Wassersucht 54
Weißkraut 160, 162, 165
Wien 20, 26, 27, 104
Wilhelm von Hohenheim 15, 16, 17, 18, 104, 121
Wittenberg 10, 20, 21
Wunddiagnose 119

Yin und Yang 52

Zinnober 67
Zwiebeln 162
Zwingli (1484–1531) 20, 21, 104
Zytostatika 88

Die großen Weissagungen des Nostradamus und anderer Propheten für die kommenden Jahrzehnte vor und nach der Jahrtausendwende, mit faszinierender Deutlichkeit interpretiert und entschlüsselt in zwei aufsehenerregenden Heyne-Taschenbüchern von Kurt Allgeier, dem versierten Bestseller-Autor auf dem Gebiet der Zukunftsprognosen.

Jeder weiß – oder ahnt zumindest, daß wir unmittelbar vor gewaltigen Ereignissen stehen. Sie werden die Erde und die Menschheit völlig verändern.
Was morgen geschieht – die Propheten haben es vorausgesagt: unser Schicksal in den 80er Jahren und vor der Jahrtausendwende, zusammengestellt nach den wesentlichsten Voraussagen und Prophetien, die im Laufe der Jahrhunderte über unsere nahe Zukunft gemacht worden sind.

Heyne Sachbuch 01/7149 - DM 7,80

ORIGINALAUSGABE

Die Weissagungen des großen französischen Sehers bis ins Jahr 2050 sind eine wichtige Ergänzung zu Kurt Allgeiers erstem Buch. Denn sie enthalten alle Prophezeiungen des NOSTRADAMUS, die für uns immer unheimlicher werden: Er hat unter anderem die Französische Revolution, den Ersten Weltkrieg, die Hitlerzeit, das Attentat auf Sadat vorausgesagt. Wird auch das Fürchterliche eintreffen, das er bis ins 3. Jahrtausend hinein prophezeit hat?

Heyne-Taschenbuch 01/7180 - DM 5,80

ORIGINALAUSGABE

Wilhelm Heyne Verlag München

Gesundheit und Fitness im Heyne-Taschenbuch

Renate Ebermann
Das Heyne-Gymnastikbuch
08/4362 - DM 4,80

Stephen Lewis
Massage zu zweit
08/4494 - DM 4,80

A. van Lysebeth
Yoga
08/4529 - DM 6,80

Richard Hittlemann
Yoga – das 28-Tage-Programm
08/4546 - DM 6,80

Anton und Marie-Luise Stangl
Das Entspannungsprogramm
08/4595 - DM 6,80

Angela Steinacker
Yoga zum Schlankwerden
08/4637 - DM 5,80

Malte W. Wilkes
Der Biorhythmus bestimmt unser Leben
08/4640 - DM 4,80

Kurt Allgeier
Schmerzfrei, fit und schlank durch Akupressur
08/4676 - DM 5,80

Renate Ebermann
Isometrische Übungen
08/4680 - DM 5,80

Bonnie Prudden
Sexgymnastik
08/4739 - DM 7,80

S. Filson/C. Jessup
Spring dich fit
08/4760 - DM 6,80

Walter I. Fischmann/Frank Z. Warren
Chinas Geheimnis der Liebeskraft
08/4782 - DM 7,80

Dr. med. Siegfried Block
Dr. Block's Gesundbrunnen
08/4787 - DM 4,80

Rosel Siegel-Bernshausen/Wolfgang Behrend
Gesund abnehmen – schlank bleiben
08/4789 - DM 5,80

Angela Steinacker
Anti-Streß-Yoga
08/4797 - DM 5,80

Preisänderungen vorbehalten.

Wilhelm Heyne Verlag München